송강스님이
완전히 새롭게 쓴
부처님의
생애

······· 송강 스님

- 한산 화엄(寒山華嚴)선사를 은사로 득도
- 화엄, 향곡, 성철, 경봉, 해산, 탄허, 석암 큰스님들로부터
  선(禪), 교(敎), 율(律)을 지도 받으며 수행
- 중앙승가대학교에서 5년에 걸쳐 팔만대장경을 일람(一覽)
- BBS 불교라디오방송 '자비의 전화' 진행
- BTN 불교TV방송 '송강 스님의 기초교리 강좌' 진행
- 불교신문 '송강 스님의 백문백답' 연재
- 불교신문 '송강 스님의 마음으로 보기' 연재
- 1987년부터 7년간 대한불교조계종 총무국장, 재정국장 역임
- 대한불교조계종 총무원장 표창 2회

- 『금강반야바라밀경』 시리즈 , 『송강스님의 백문백답』, 『송강 스님의
  인도 성지 순례』, 『경허선사 깨달음의 노래(悟道歌)』, 『삼조 승찬 대사
  신심명(信心銘)』 , 『초발심자경문』, 『다시 보는 금강경』, 『말, 침묵 그
  리고 마음』, 『나의 사랑 나의 스승 한산 화엄』 출간
- 2014년 『부처님의 생애』로 중앙승가대학교 단나학술상 수상

- 서울 강서구 개화산(開花山) 개화사(開華寺) 창건
- 현재 개화사 주지로 있으며, 인연 닿는 이들이 본래 면목을 깨달을 수 있도
  록 기초교리로부터 선어록에 이르기까지 다양한 강좌를 진행하고 있으며,
  차, 향, 음악, 정좌, 정념 등을 활용한 법회들을 통해 마음 치유와 수행을 지
  도하고 있음

송강스님이
완전히 새롭게 쓴

부처님의
생애

時雨 松江

도서출판 도반

부처님의 생애를 펴내며

불교를 공부하고자 하는 이들로부터 '불교가 무엇이냐'는 질문을 받으면 '부처님의 가르침이다'고 답해주었습니다.

그런데 당연히 뒤따라야 할 '부처님은 어떤 분이냐'는 질문을 하는 이는 많지 않았습니다.

사실 저도 불교에 입문하여 40년이 넘는 세월 동안 '부처님의 생애'를 체계적으로 교육받은 일이 없습니다.

다만 어린 시절 궁금증으로 인해 『팔상록』을 읽게 되었고, 다시 수많은 전적(典籍)을 통해 부처님의 발자취를 따라가게 되었습니다.

승가대학에서 『고려대장경(高麗大藏經)』과 『남전대장경(南傳大藏經)』 등을 일람한 뒤 한 가지 분명한 결론을 얻게 되었는데, 그것은 재가 불자나 출가 수행자나 불교를 제대로 공부하고 실천하려면 반드시 부처님의 생애를 철저히 알아야 한다는 것이었습니다.

태자 시절의 고뇌도 공유해 봐야 하고, 출가 후의 고행도 따라가 봐야 하며, 깊은 삼매도 체험해 봐야 하고, 절대자유인 해탈의 경지도 맛봐야만 합니다. 그런 후에는 45년의 긴 세월 동안 뙤약볕 속에 흙먼지 뒤집어 쓰시며 수많은 사람들을 교화하셨던, 그 길을 따라가 봐야만 비로소 불제자라고 할 수 있을 것입니다.

이 책에서는 신비화된 부처님의 모습이 아니라 땀 흘리시며 다니셨던 바로 그 부처님의 모습을 설명하려고 하였습니다. 바로 우리가 최선을 다해 노력하면 도달할 수 있는 그런 부처님의 모습을 그리려고 하였습니다. 그러나 여전히 부족한 점이 많은 책입니다. 그 부족한 점을 읽는 분들께서 채워주시기를 부탁드립니다.

불기 2558년(2014년) 갑오년 정초기도를 시작하며
개화산(開花山) 개화사(開華寺)에서
時雨 松江 合掌

차례

IX. 입멸(入滅)을 준비하며(마지막 여정) ····· 361

- 쌍림열반상(雙林涅槃相)

I. 부처님은 어떤 분인가

▲ 안으로 깊게 성찰에 드신
부처님의 모습

석불사 본존만다라 불기 2553년 2월 Photowork 2009 Photo by Ahn Nung-hook

우리는 부처님에 대해 너무나 익숙해져 있다. 여기서 익숙하다는 것은 기존의 생각들을 가지고 있다는 뜻이다. 각자 나름대로 생각하고 정의해버린 '부처님은 이런 분이다'는 고정관념을 가지고 있다는 말이다. 그러나 그 관념들이란 것이 각기 편리한 대로 정리하고 고정시켜 버린 것이기 때문에 오히려 실존하셨던 석가모니부처님과는 거리가 먼 경우가 많다. 현재 한국불교의 경우는 신앙의 대상이 된 부처님이나 보살님들이 많기에 어쩌면 당연한 일인지도 모르겠다. 당장 부처님이라 할 때 떠오르는 부처님만 해도 비로자나부처님, 아미타부처님, 약사여래부처님, 미륵부처님, 석가모니부처님 등 여러 부처님이 동시에 인식되는 것이다.

그렇지만 우리가 분명히 알고 있어야 할 부처님은 석가모니부처님이시다. 왜냐하면 기존의 어떤 유파의 불교라도 바로 석가모니부처님으로부터 비롯된 것이기 때문이다. 따라서 우리는 앞으로 역사적으로 실존하셨던 석가모니부처님의 생애를 통해 그분께 접근해 보기로 한다.

◀ 석굴암 본존불의 다양한 모습 - 개화사 설법전 소장
: 안장헌 선생 작품

I - 1
호칭에 대해

우선 '부처님'이라는 호칭에 대해 생각해 보자.

인도에서는 '잘 알고 있다, 깨어 있다, 잠들지 않고 있다'는 말을 '부드(Budh)'라 하였고 한문경전에서는 '각(覺), 능지(能知), 요지(了知)'로 번역되었다. 또 깨달은 분이라는 뜻으로는 '붓다(Buddha)'라는 표현을 사용했는데, 흔히 '진리를 깨달은 분'으로 해석한다. 이 용어는 석가모니부처님께서 성불하시기 전부터 있었고, 특히 자이나교의 옛 문헌에서는 당시 여러 종교의 철인(哲人)을 모두 붓다(Buddha)라고 호칭했다.

그러나 자이나교에서는 이 호칭에 대해 크게 중시하지도, 존중하지도 않았던 것으로 보인다. 그런데 불교에서는 이상적인 인격의 완성자를 붓다(Buddha)라고 했으며, 특히 석가모니부처님(Śākyamuni Buddha - 샤카족의 성자이신 부처님)의 호칭에 있어서는 일반인의 경지를 넘어서버린 최고의 깨달음에 이르신 분으로서 그 존칭이 사용된 점이 특징이다.

중국에서는 경전을 번역하면서 불(佛) 또는 불타(佛陀)라고 번역했다. 이 사용 예를 보면 불타(佛陀)를 줄여 불(佛)이라고 한 것이 아니라, 오히려 초기번역에서는 불(佛)이라고 했다가 후기번역에서 불타(佛陀)라고 한 것이다. 물론 이 두 가지 다 소리를 옮긴 것이다.[1] 그러나 여기에서 중국인들의 재미있는 생각을 읽을 수 있다. 즉, 불(佛)=인(人)+불(弗)[2]의 합성어로 '사람이면서 사람이 아닌 존재' 또는 '사람 중에서도 앞선 사람'이라는 뜻이 되는 것이다.

불교에서는 부처님이라 할 때 석가모니부처님 한 분에 국한하지는 않는다. 먼저 경전에 자주 등장하는 과거칠불(過去七佛)을 보면 제1 비바시불(Vipaśyin Buddha), 제2 시기불(Śikhin Buddha), 제3 비사부불(Viśvabhū Buddha), 제4 구루손불(Krakucchanda Buddha), 제5 구나함모니불(Kanakamuni Buddha), 제6 가섭불(Kāśyapa Buddha), 제7 석가모니불(Śākyamuni Buddha)로, 석가모니부처님 이전에 이미 여섯 부처님이 계셨다는 설이며, 이후 과거24불설, 과거천불설, 삼세삼천불설 등으로 전개되어 이윽고는 '시방세계 무수한 부처님'이라는 표현까지 등장한다.

. . . .

1) 붓다(Buddha)를 한역경전에서는 대각(大覺) 또는 각자(覺者)로 번역하기도 했다.
2) 불弗-'아니다, 세차다, 빠르다' 등의 뜻

▲ 부처님께서 정각을 이루신 보리수 앞
마하보디대탑 벽면의 불상

이 이야기의 핵심은 이 세상 누구건 깨달음에 이르면 부처님이 된다는 말이다. 바로 여기에 불교의 큰 매력이 있다. 우리는 누구나 부처님의 제자나 신자로 끝나는 것이 아니다. 누구나 발심해서 수행하고 깨달으면 부처님이 되는 것이다.

불자는 모름지기 이 점을 항상 명심하고 수행해야 한다.

I - 2
무엇을 가르치셨나

석존(釋尊 - 석가모니부처님을 다른 부처님과 구분할 때 흔히 사용하는 존칭)께서는 무엇을 가르치셨는가? 라는 의문은 석존의 생애를 통해 하나씩 살펴보면 해결되겠지만, 현재 우리가 접하는 교리는 석존의 가르침을 확대 해석하거나 재해석한 것들이 많아 사실상 복잡하기 짝이 없다. 그러나 전문적으로 연구 검정하는 입장과 신자로서 수행에 필요로 하는 것을 배우는 입장은 상당히 차이가 있음을 얘기해 두고 싶다. 사실 신자로서 불교에 접근하는 경우라면 복잡하기 짝이 없는 전문적인 분야까지 반드시 배우고 익혀야 하는 것은 아니다. 문제는 얼마나 실천하느냐에 있는 것이다.

과거칠불이 공통적으로 가르치신 내용이라고 설명되는 칠불통계게(七佛通戒偈)가 있는데 매우 간단하다.

제 악 막 작 　 중 선 봉 행
諸惡莫作　 衆善奉行

자 정 기 의 　 시 제 불 교
自淨其意　 是諸佛敎

17

나쁜 일은 일체 하지 말고,
좋은 일은 무엇이든 행하라.
스스로 마음을 맑게 하라.
이것이 모든 부처님의 가르침이니라.

이 게송을 들은 이들은 "부처님의 가르침이 뭐 이렇게 시시해?"라고 생각할지 모르겠으나, 가르침은 쉬워야 하고 실천할 수 있어야 하는 것이다. 그런데 쉽게 생각되는 이 가르침이 실천하려면 결코 쉽지가 않다.

당송팔대가(唐宋八大家)에 속하면서 불교계의 유명한 거사였던 낙천 백거이(樂天 白居易, 772~846) 향산거사(香山居士)가 항주자사로 있을 때 조과도림선사(鳥窠道林禪師, 741~824)를 찾아갔는데, 이때 이 칠불통계게가 인용된다.

조과도림선사는 9세에 출가하여 21세에 비구계를 받았으며, 화엄경과 기신론을 공부한 뒤 선 수행을 했다. 말년에는 항주 진망산 과원사에 머무셨는데, 늘 우산처럼 생긴 나무 위에 올라 좌선하길 즐기셨다.

백낙천거사가 사찰을 방문하여 도림선사가 흔들리는 나뭇가지에서 좌선하는 모습을 보고는 무심결에 "어, 위험한데!" 하고 외쳤다. 선사가 거사를 내려다보며 "어. 위험한데!"하고 되받자, 의아하게 생각한 거사가 물었다.

▲ 중국 아미산 보국사에 모셔진 과거칠불상

"저는 이렇게 땅위에 안전하게 있는데
무엇이 위험하단 말씀입니까?"
"언제나 벼슬자리 생각하고 부귀영화 구하느라
이리저리 정신없는데 위험하지 않은가?"
이에 거사가 느낀 바가 있어 정중히 예를 갖춘 후 여쭈었다.

"불교의 진수가 무엇입니까?"
"나쁜 일 하지 말고 좋은 일하며 마음을 깨끗이 해야지."
"그거야 어린애도 아는 얘기 아닙니까?"
"어린아이도 알지만 팔순 노인도 행하기는 어렵지!"
여기에 깨닫는 바가 있어 이후로 자주 찾아뵙고 지도를 받
았다고 한다.

불교를 접할 때 이처럼 논리적으로 접근이 가능한 경우도 있지만, 전혀 그렇지 못한 경우도 많다. 예컨대 선사들의 답변은 일반적인 논리의 범주를 벗어나 버린다. "불교의 진수가 무엇인가?" "도가 무엇인가?" "불법이 어떤 것인가?" 등의 질문에 대해 선사들은 "마른 똥 막대기니라!" "뜰 앞의 잣나무니라!" "삼베 세근이니라." 등으로 말씀하셨다. 그때 그 상황으로 돌아가 보면 가장 적절한 답변이지만, 전혀 다른 생각을 가진 다른 사람들이 또한 다른 상황에서 그 대화의 핵심을 깨닫기란 어쩌면 매우 힘든 일인지도 모른다. 그래서 논리적으로는 접근이 불가능한 것이며, 모르는 사람 더욱 답답하게 하고 만다. 그렇긴 하지만 이런 얘기들이 속임수도 아니고, 또한 답을 회피한 것도 아니다.

어쨌거나 모른다고 포기해 버리면 모든 것이 불가능해진다. 별을 딸 수 없다고 하늘을 보지 않으면 땅밖에 모르는 어리석은 사람이 되고 만다. 별을 따려는 희망을 버리지 않은 사람들이 있어 우주선을 만들게 되었고, 우주선을 타고 하늘을 날다 보니 우리가 이미 가장 아름답고 살기 좋은 별에 살고 있음을 깨닫게 된 것이다.

부처님을 알려고 계속 정진을 하는 사람은 언젠가 자유자재한 경지에 이르게 될 것이고, 이 비상을 통해 스스로가 부처의 세계에 살고 있음을 깨닫게 될 것이다. 그러나 상당수의 사람들은 이런 생각을 하고 있다. "내가 열심히 절에 다니다보면 부처님께서 살펴 주시겠지." 또 열심히 정진해야 한다고 얘기하면 "스님 장삼자락만 붙들고 있으면 불국정토에 갈 수 있겠지요."라고 말하는 이들도 있다.

이 이야기는 우리나라 고승의 이야기라고도 하고, 또 범어사의 어떤 스님의 이야기라고도 전해지는 내용이다.

오누이가 있었다. 누나는 장사를 하며 살았고 동생은 출가해 스님이 되었다. 스님이 된 동생은 누나가 절에 공양 올리러 올 때마다 진실하게 불교공부를 해보라고 권했다. 그때마다 누나는 "하나밖에 없는 동생이 스님이 되어 열심히 도를 닦는데, 누나 한 사람 극락에 보내주지 못할까! " 하면서 공부할 생각을 하지 않았다.

어느 날 누나가 맛있는 떡을 가져와 동생인 스님에게 공양 올렸는데, 스님은 누나에게 먹어보라는 말 한 마디 없이 혼자만 먹는 것이었다. 섭섭하기도 하고 화가 나기도 한 누나가 스님에게 따졌다.

"아니 스님, 아무리 스님 드시라고 가져온 떡이지만 어찌 권해 보지도 않고 혼자만 드시오?"

"내가 누님 대신 먹는데 맛있고 배부르지 않소?"

"먹기는 스님이 먹는데 어찌 내가 맛있고 배부를 수 있단 말이오?"

"누님이 항상 내 수행으로 누님도 극락에 갈 수 있다기에 먹는 것도 그리 될 줄 알았지."

이 말에 느낀 바가 있어 이후로는 열심히 정진해서 참된 불자가 되었고, 이윽고 깨달음에 이르렀다고 한다.

▼ 제자들에게 가르침을 설하시는 부처님 - 키질 제 189굴

I - 3
나는 어떤 존재인가

불교를 어느 정도 공부한 사람이라면 다 알겠지만 부처님의 모든 가르침이나 옛 스님들의 가르침이 가리키는 방향을 보면 '나'라고 하는 자리이다. 이 '나'라고 하는 말은 우리가 쉼없이 쓰고 있는 말이기 때문에 결코 새로운 것이 아니다. 그러나 경전을 자세히 살펴 본 사람은 부처님께서 가리킨 것이 우리가 일상적으로 사용하는 뜻의 그런 '나'가 아님을 알 것이다.

사람들은 불경을 읽거나 혹은 법문을 들을 때. 그 속에 전개되는 내용을 자신과는 별개로 생각해 버린다. '저건 수보리에게 하는 말씀이구나.' '이건 사리불에게 내리는 말씀이구나.' 하고 생각하기 때문에 부처님의 말씀이 절절하게 와 닿질 않는 것이다.

앞으로 석가모니부처님의 생애를 살펴가면서도 나와는 상관없는 얘기로만 듣는다면 큰 소득이 없을 것이다. 부처님께서 겪으신 그 모든 상황에 자신을 놓고 어떻게 할 것인가를 생각하지 않으면 안 되는 것이다.

부처님께서는 인간으로 태어나시어 출가 수행하셨으며, 이윽고 깨달음에 이르시어 부처님이 되셨는데, 이 이야기에서 무한한 가능성을 봐야만 할 것이다. 그것은 바로 나도 부처님처럼 될 수 있다는 가능성이다. 우리도 부처님처럼 될 수 있는 성품이 있다. 그것을 부처성품(佛性)이라고 하는데, 이 본질적인 자리에 서면 우리는 모두 위대한 존재이며 이 세상의 참된 주인이 되는 것이다.

그렇지만 현실적으로 보면 우리는 결코 위대한 존재인 것 같지도 않고, 이 세상의 참된 주인이라고 믿기도 어렵다. 갖가지 어려움과 고달픔 속에서 걱정과 근심으로 살아가는 입장에서는 깨닫는다거나 부처가 된다고 하는 것이 불가능하게 생각될 수 있을 것이다. 그러나 해보지도 않고 '할 수 없다'고 결론 내리는 일은 비겁한 일이다.

그렇다면 현재의 나는 어떤 위치에 있는 것일까?
근본적인 입장에서야 모든 생명체가 평등한 것이듯 모든 사람들도 평등하지만, 남녀노소의 구별이 있고 각자의 처한 위치가 다르듯이, 불성(佛性)의 자리에서는 평등하지만 현시점의 능력을 놓고 보면 각각의 차별이 있다. 아미타부처님의 극락정토야 누구에게나 공평하게 열려 있지만, 왕생하는 입장에서는 9품의 다른 길이 있고, 인도하는 아미타부처님의 수

▲ 희망의 세계인 아미타불의 극락정토 - 개화사 본존

인(手印 - 손의 모양)에도 아홉 가지 구분이 있다. 석존의 설법을 살펴봐도 그 사람의 현재 됨됨이에 따라 서로 상반되는 것 같은 설명을 하고 계신 것을 알 수 있다. 이처럼 현재의 됨됨이를 아홉 가지로 분류할 수 있을 것이다.

이것을 세 가지 품격(삼품三品)과 세 가지 생활 방식(삼생三生)으로 분류해 보자.

 - 어떤 이가 경과 논, 그리고 조사어록 등에 사용된 용어로 이를 구분한 것을 보았는데, 수긍되는 점이 많아 아홉 가지 이름을 가져와 설명을 덧붙여 본다.

1. 하품(下品-낮은 품격의 자질)

탐욕의 세계를 벗어나지 못한 채 현세(現世) 금생(今生)만 믿고, 어떻게든 잘 살면 된다는 자질의 사람.

[1] **하품하생(下品下生)** - 축인(畜人) : 짐승 같은 생활을 하는 사람을 뜻하며, 탐욕과 질투로 삶을 꾸려가는 사람.

[2] **하품중생(下品中生)** - 범인(凡人) : 하잘것없는 생활을 하는 사람이라는 뜻이며, 남의 힘에 의지해 남 뜻대로 살아가는 사람.

[3] **하품상생(下品上生)** - 재인(才人) : 술수를 부리며 사는 사람이라는 뜻이며, 현재의 편안함과 명예 또는 이익만을 계산하며 유지하려는 사람.

▲ 서민들이 애환을 털어 놓는 산신 – 조선조 목각탱화
-개화사 무량수전

2. 중품(中品-중간 품격의 자질)

탐욕의 세계에서 벗어나긴 했으나 아직은 물질적이고 이론적인 것에 매달려 있으면서 현세(現世)와 내세(來世, 來生)를 믿어 바른 길로 가려고 노력하는 자질의 사람.

[4] **중품하생(中品下生)** - 학인(學人) : 배워 가며 사는 사람이라는 뜻이며, 윤리적인 것에 집착하여 옳고 그름을 가려서 사는 것에 만족하는 사람.

[5] **중품중생(中品中生)** - 철인(哲人) : 사리에 밝은 사람이라는 뜻이며, 사리(事理)에 밝기에 모든 방법을 동원해서 자기주장을 관철하는 사람.

[6] **중품상생(中品上生)** - 인인(仁人) : 어진사람이라는 뜻. 자기의 뜻이 굳게 세워져 흔들리지 않는 사람인데, 만약 그 뜻에 어긋나는 것이라면 자기건 남이건 용서를 하지 않는 성향이 있음.

▶ **모든 번뇌로부터 자유로워진 아라한**
 - 목각 나한상, 개화사 소장

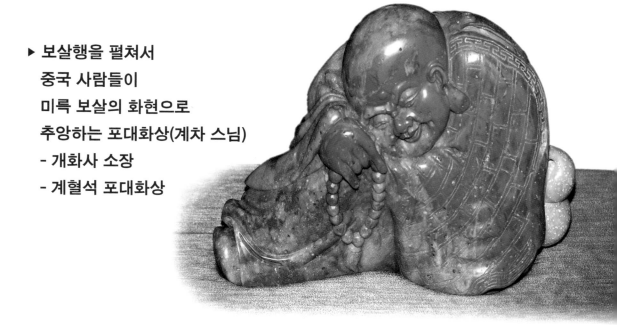

▶ 보살행을 펼쳐서
중국 사람들이
미륵 보살의 화현으로
추앙하는 포대화상(계차 스님)
- 개화사 소장
- 계혈석 포대화상

3. 상품(上品-뛰어난 자질의 사람)

참된 성품을 밝게 보아 과거 현재 미래가 자기의 한 생각에서 벌어진 그림자이며, 즐겁고 슬픈 것과 좋고 나쁜 것이 자기 마음의 그림자일 뿐이라는 것을 깨달은 사람.

[7] **상품하생(上品下生)** - 달인(達人) : 진리에 도달한 사람이라는 뜻이며, 세상의 진리를 깨쳐 호탕하게 사는 사람.

[8] **상품중생(上品中生)** - 도인(道人) : 진리를 알리려 노력하는 사람이라는 뜻이며, 진리를 깨달아 중생제도에 앞장선 사람.

[9] **상품상생(上品上生)** - 진인(眞人) : 삶이 진리와 합일된 사람이라는 뜻이며, 제도할 중생마저도 사라진 자유롭고 행복한 사람.

29

▲ 불국정토 장엄을 발원한 보현보살

　- 개화사 소장

　- 대만 국보급 화가였던 대천거사 조성

위와 같이 아홉 단계로 나눠 보긴 했으나 편의상 나눈 것이며, 스스로 현재 위치를 살펴보기 위한 분류이다. 흔히 말하는 상근(上根)·중근(中根)·하근(下根)이라는 등의 자질구분은 확고부동한 틀이 아니라 한 시점의 분류임을 알아야 한다.

불교적 입장에서는 하품(下品)의 사람도 한 생각 돌이키면 찰나에 성불할 수 있고, 상품(上品)의 사람도 머뭇거리면 무량겁을 헛되이 보낼 수 있기 때문이다. '앙굴리마라'[1] 와 같은 극악무도한 살인마도 찰나에 발심하여 훌륭한 수행자가 되는가 하면, '주리반타가'[2] 와 같은 바보도 선지식이 될 수 있었던 것은 마음가짐과 노력의 결과일 뿐이다.

....

[1] 앙굴리마라(鴦窶利摩羅) 혹은 알굴마라-앙굴리마알라(Aṅgulimāla)
: 12세에 발타라 바라문을 스승으로 섬기다가 스승이 출타한 사이 사모님의 유혹을 뿌리친 보복으로 모함을 받게 되었다. 오해한 스승은 1천명을 죽이면 비법을 가르쳐 주겠다고 했다. 이러한 스승의 잘못된 지도를 진실로 받아들여 사람을 죽이기 시작했다. 죽인 사람의 손가락을 잘라 목걸이를 하였는데, 결국은 부처님을 만나 귀의하게 되었고, 모진 대가를 치르고 아라한이 되었다고 한다.

[2] 주리반타가(周利槃陀迦)-쭈우다빤타까(Cūḍapanthaka)
: 형을 따라 출가했으나 부처님의 제자 중 가장 머리가 나쁜 이로 알려졌다. 노력을 해도 공부가 되지 않자 스스로 수행을 포기하려 했다. 부처님께서 그 사실을 알고는 빗자루를 들려주며 '먼지를 털고 쓴다.'는 구절을 생각하며 청소를 하라고 했다. 끝없이 노력한 스님은 결국 아라한이 되었다고 한다.

I - 4
석존의 생애에 접근하는 방법

석가모니부처님의 생애를 살펴보면 여러 가지 익숙하지 못한 지명이나 관습을 비롯해 갖가지의 사건들과 만나게 될 것이다. 그래서 때로는 전체적인 흐름을 놓칠 수도 있는데, 부처님의 생애를 통해 우리가 반드시 주의해야 할 점들을 상징적으로 보여주는, 우리에게 너무나 익숙한 이야기가 있어 먼저 설명하려 한다. 그것은 다름 아닌 『심청전(沈淸傳)』이다. 심청 이야기는 효(孝)라는 옷을 입고 있어서 불교적인 상징을 정확히 파악하기가 어렵게 되어 있다.

▼ 영화 〈심청전〉의 한 장면

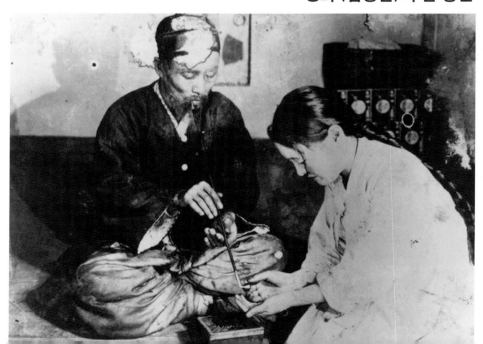

『심청전(沈淸傳)』이야기의 대강을 살펴보자.

황주 도화동(桃花洞)의 심학규는 대대로 벼슬이 끊이지 않던 혁혁한 문벌의 집에서 태어나 학문을 익혔으나 20세에 눈이 멀고 집안이 기울어 곽씨인 부인에게 의탁해서 산다. 비록 가난하나 부부의 정은 도타워 행복하게 살지만 자식이 없는 것이 큰 걱정이었다. 이에 온갖 기도와 불공을 올리면서 성의껏 시주도 하며 기원을 계속한 결과로 사월 초파일에 태몽을 꾸게 된다. 꿈에 선녀가 제불보살과 석가님의 지시로 왔다며 안기는 꿈을 꾸고 임신하여 낳으니 여식이었다. 이 아이가 청(淸)이다.

심청을 낳고 곽씨는 7일 만에 세상을 뜨고, 심봉사는 동네부인들의 젖을 얻어 먹이며 심청을 키운다. 이윽고 심청은 아버지를 대신해 살림을 꾸려갈 정도가 되었으며, 이웃마을 정경부인의 수양딸까지 되었다.

어느 날 딸이 늦자 마중을 나가던 심봉사가 개울에 빠지고, 몽운사(夢雲寺) 화주승(化主僧)의 도움으로 목숨을 건지는데, 이때 '눈을 떠서 밝은 세상을 보고 싶다'는 생각으로 공양미(供養米) 삼백 석(石 - 열 말)을 권선문(勸善文 - 불사에 동참하는 것을 약속하고 그 액수를 기록하는 책)에 기록하게 된다.

이 사실을 알게 된 심청은 마침 15세의 처녀를 구하는 남경상인(南京商人 - 중국과 조선을 오가는 무역상)들에게 몸을 팔게 되

고, 인당수에 몸을 던져 바다의 풍랑을 멈추게 한다. 죽는 것
으로만 생각했던 심청은 용왕의 도움으로 죽은 어머니를 만나
고, 다시 연꽃 속에 환생하여 남경상인들의 손에 의해 황제에
게 진상되고, 황궁의 연못 속에서 연꽃이 피어나며 심청이 황
제를 만나 황후가 된다.

근심하는 황후를 염려한 황제에게 심청이 아버님의 문제를
털어놓게 되어 맹인을 위한 잔치를 베풀게 되는데, 이것은 아
버지가 스스로 찾아오게 하려는 것이었다. 뒤늦게 잔치에 온
심학규는 심청을 만나 눈을 뜨고 동시에 모든 맹인들도 눈을
뜨게 된다.

▼ **판소리 〈심청전〉의 한 장면**

이것을 불교적 입장에서 접근해 본다.

[1] 심학규는 도화동 사람으로 혁혁한 문벌의 가문에 태어나
학문을 익혔으나 20세에 눈이 멀게 된다.

도화동은 무릉도원과 통하는데, 불교식으로는 불국정토이다. 학문을 익힌 20세에 눈이 멀었다는 것은 문벌의 권력과 학문의 지식으로 인해 진실을 보는 눈인 마음의 눈이 멀게 된 것이다.

[2] 심청의 어머니 곽씨는 7일 만에 죽고
심청은 동네부인들의 젖을 얻어 먹으며 자란다.

나의 존재는 나 혼자 만으로 있는 것이 아니다. 동네부인으로 표현된 모든 사람들과의 인연 관계 속에 존재하는 것이다.

[3] 눈먼 아버지의 헌신적 사랑으로 성장했다.

현재의 나는 내가 잘나서 여기까지 온 것이라기보다는 어버이의 눈먼 사랑, 즉 맹목적인 사랑과 헌신에 의해 여기까지 왔다. 그만큼 끊으려 해도 끊을 수 없는 질긴 인연이 있는 것이다.

[4] 심청이 성장했을 때,
개울에 빠져서 몽운사(夢雲寺) 스님에게 구출된 심봉사가
문득 눈을 떠서 바로 앞의 현실을 보고자 한다.

자식이 성장하거나 자신이 목표로 했던 어떤 것이 이루어진 후에야 그것이 맹목적이었음을 알게 되고 꿈속(夢雲)에서 살고 있음을 알게 되며, 진정한 삶을 위해 마음의 눈을 뜨고 싶어 한다. 그러나 거의 불가능할 정도의 희생이나 정성이 없이는 안 된다.(심봉사에게 공양미 삼백 석은 불가능에 가까운 것을 상징)

[5] 심청이 혼자서 살 수 있을 정도가 되었을 때,
아버지의 눈을 뜨게 하기 위해 목숨을 버리게 된다.

보살의 길에 든 사람은 혼자서도 나아갈 수 있으나 뭇 생명의 은혜에 대해 자신을 던지지 않으면 안 된다. 결국 자기중심적인 모든 것을 던져버릴 때 절대 자유인 해탈을 성취할 수 있게 된다. 마치 부처님이 그러하셨듯이.

[6] 15세의 처녀 심청이 인당수에 몸을 던지자 풍랑이 멎는다.

바다는 고해(苦海)이면서 온갖 망상 끊이지 않는 중생의 마음이다. 거기에 일고 있는 번뇌와 고통의 파도는, 처녀처럼 순수하고 청정함으로, 목숨처럼 질긴 집착을 던져버릴 때에만 잠재울 수 있는 것이다. '백 길의 장대 끝에서 앞으로 발을 내디뎌 크게 죽어야 한다.'는 선구(禪句)처럼 서슴없이 바로 그 자리에서 죽음(정신적 출가)을 택해야 한다.

[7] 심청은 바다 속에서 용왕을 만나게 되고,
용왕의 도움으로 어머니도 만나며,

다시 연꽃 속에 환생하여 상인들의 도움으로 황후가 된다.

고해(苦海)는 단순한 고해가 아니며, 번뇌의 중생심은 단순히 거칠기만 한 파도는 아니다. 그 깊은 내면에는 용왕과 같은 진정한 마음과 용궁 같은 정토가 있었던 것이며, 나의 근본자리(어머니)를 비로소 만나게 된다. 그런 후에 새로운 환생(연꽃)으로 만나는 인당수는 이미 불국 정토임을 알게 된다. 뿐만 아니라 그렇게 심청을 죽음으로 내몰던 그 상인들, 다시 말해 세상 모든 것이 환희로운 세상으로 나아가는 디딤돌이라는 것도 알게 된다.

[8] 황후는 아버지가 찾아오게 할 목적으로
맹인을 위한 잔치를 베푼다.

중생들을 제도함에는 결코 차별이 있을 수 없다. 모든 중생(맹인)들에게 평등해야 한다. 동체대비(同體大悲 - 자기 자신인 것처럼 베푸는 큰 사랑)나 무연대비(無緣大悲 - 조건에 상관치 않고 베푸는 큰 사랑)라는 말이 그것이다. 또 중생들을 눈뜨게 해주려는 일방적인 베풂만으로는 불가능하며, 중생들이 스스로 깨달음의 잔치에 나아가야만 한다.

[9] 죽었다고만 생각했던 심청이 살아서 황후가 되었다는 말을
듣고 정말인지 자기 눈으로 확인하고 싶은 갈망이
극에 달하자 비로소 심봉사의 눈이 열린다.

막연히 알고 있는 상식이나 지식은 진실이 아닐 수도 있다.

내가 곧 부처라니 직접 확인해 봐야 하지 않겠는가. 이 바람이 극에 달할 때 비로소 마음의 눈이 열리게 된다. 이것이 진정한 개안불사(開眼佛事 - 깨달아 지혜의 눈이 열리는 것)이다. 이 순간 모든 어둠(번뇌)은 사라진다.

[10] 심봉사가 눈을 뜰 때

모든 장님들이 다 함께 눈을 뜨게 되었다.

진실한 깨달음은 혼자만의 것이 아니다.

모든 이들이 동시에 가야할 목적지이고 다 같이 성취해야 할 자리이다. 반야심경에서 다함께 깨달음의 자리에 이르자고 발원하고 격려하는 것처럼.

심청(沈淸)이 상징하는 것.

① 푸른(靑) 물(水)에 빠진다.(沈 : 빠질 침으로도 됨)

　　: 다른 사람을 제도하기 위한 큰 자비의 실천.

② 맑은 지혜(淸)에 몸을 던진다.(침(沈)은 '던지다'의 뜻이 있음)

　　: 지혜를 발현하기 위한 구도 실천.

③ 마음자리(심(沈)은 심(心)과 동음(同音))

　　: 본래 맑은 것(淸).

심청전이 고전이었다면 최근의 영화 한 편이 근사한 접근을 하였다. 바로 '워낭소리'이다.

▲ 〈워낭소리〉포스터

워낭[1]소리 Old Partner [2009년 작품]

　감독은 아마도 '마음'을 그리고 싶었나 보다.

　청량사를 오르는 계단과 탑전에서 절하며 "좋은 데로 가거래이…"라는 노인네의 말을 통해, 밑그림을 확실히 해두고 싶었을 게다.

. . . .

1) 워낭 : 마소의 턱 밑으로 늘여 단 방울.
　　　　또는 마소의 턱 아래에 늘어뜨린 쇠고리.

봉화는 우리가 속한 '이곳'이다.

그 속에는 귀먹고, 말도 잘 못하고, 다리도 성치 않은 팔순의 할배와 심심찮게 떠드는 할매, 그리고 제 나이를 이미 배나 더 살아버린 소가 있다. 자연의 소리와 듣는 둥 마는 둥 혼자 떠드는 라디오, 그리고 기계.

빠를 것도 느릴 것도 없는 삶을 묘하게 대비시키는 이 영화는 젊은 소와 어린 송아지를 등장시키며, 천방지축인 마음과 이기적인 거친 마음을 보여줌으로써 이심전심의 마음이 어떤 것인지를 보여 준다.

얼핏 어설픈 것 같고 시원찮은 듯한 사람과 소는 우리의 마음과 삶이 어떻게 어울리는 지를 보여준다.

편리한 기계와 농약 등으로 상징되는 현대 문명의 편리함이 얼마나 불안하기 짝이 없는 지식인 것인지도 보여 주고, 그런 것을 좇지 않아도 적잖은 자식 다 키워낸 현실도 보여 준다. 그러나 그 자식들도 결국 삶의 중심은 아니다. 그저 있는 그대로의 부부와 소와 봉화 농촌의 모습이 중심이고 진실이다.

할매는 그저 해설하듯이 잔소리하고 푸념한다. 거기에 고통스런 투쟁과 원망은 없다. 얼핏 문수보살의 잘 맞아떨어지는 설명 같다.

◂ 심우도에서 소를 타고 집으로 돌아가는 경지

할배는 그저 묵묵하다. 행위로 모든 것을 다 보여주고 있다. 얼핏 일부러 침묵한 유마거사의 모습 같다.

소는 어떤가? 알 것 다 안다. 그런데 억세게 표현하는 법이 없다. 그러나 표현할 것은 다 한다. 늙은 소와 젊은 소, 그리고 송아지를 통해 사람의 마음을 그리는 작가의 시선이 탁월하다.

작가는 어떤가. 작가는 관조하는 사람이다. 이 관조의 힘이 어디서 나왔을까? 바로 '버림'이다. 자신이 원하진 않았지만 어쨌건 버릴 수밖에 없음을 체득한 것이다. 그래서 자신을 알아주지 않는 현실에 대한 원망도 내려놓고, 첨단으로 치닫는 현실에 편승하려는 욕구도 내려놓고, 무엇을 잊고 있는 지를 살피게 된다. 그것이 이 작품을 만들어 낸 관조다. 작가는 얼핏 똑같은 것처럼 생각할 봉화의 시골 풍경과 사람과 소를 삼 년간 살핀 것이다. 그 삼 년간 그에게 보장된 것은 아무것도 없었는데도 그렇게 한 것이다. 마치 수행승처럼…

영혼을 울리는 워낭소리를 듣고 있는가?
영겁으로 통하는 Old Partner를 보고 있는가?

만약 영혼을 울리는 워낭소리를 듣고, 영겁을 함께한 오랜 동반자인 본성을 본다면 그것이 곧 성불이다.(見性成佛)

◀ 부탄의 탱화

II. 석존의 전생 이야기

석가모니부처님의 생애를 생각할 때 가장 많이 언급되는 것이 팔상성도(八相成道) 혹은 석가팔상(釋迦八相)이다. 이때 제일 처음 등장하는 것이 도솔래의상(兜率來儀相) 즉 도솔천으로부터 어머니 마야부인의 태중(胎中)으로 내려오시는 이야기이다.

간단하게 이야기하자면 부처님은 하늘로부터 내려오신 분이라고 생각하게 되고, 다른 종교에서 이야기하듯이 신의 분신이나 신의 아들처럼 오해할 수도 있는 부분이다. 그러나 이것은 그런 성질의 내용이 아니다. 부처님께서는 제자들을 가르치는 과정에서 당신의 과거세 이야기를 많이 인용한 것으로 기록되어 있는데, 이것을 남방불교경전에서는 『자아따까(Jātaka)』라하고 북방불교경전에서는 '본생(本生)'이라고 한다. 『본생경(本生經)』에 부처님의 전생 이야기가 7백여 편이 수록되어 있는데, 대부분 『아함경(阿含經)』, 『육도집경(六度集經)』 『보살본연경(菩薩本緣經)』, 『보살본행경(菩薩本行經)』 등에 들어 있는 내용을 따로 분류하여 편집한 것으로 보인다. 뿐만 아니라 대승경전인 『금강경(金剛經)』, 『열반경(涅槃經)』, 『법화경(法華經)』 등에도 부처님의 전생 이야기가 나오는데, 이것을 어떻게 받아들여야 하는지가 문제가 된다.

◀ **통도사 영산전 팔상탱화 중 도솔래의상(兜率來儀相) 부분도**

이 과거세 이야기에 접근하기 위해서는 먼저 몇 가지 목적성이나 필연성을 생각해 볼 수 있다.

❶ 부처님은 석가모니부처님 한 분에 국한되는 것이 아니다. 부처님께서 말씀하셨듯이 진리라는 것은 당신이 만든 것이 아니며, 부처라는 자리도 당신의 권위로 만든 것이 아니다. 무수한 세월 동안 진리는 언제나 있었고, 누구든지 그 진리를 깨달으면 부처가 되는 것이다. 그러므로 과거 무량한 세월 동안 부처님이 계셨다는 이야기를 하고 있는 것이다.

❷ 어느 때를 막론하고 사람들은 모두 진정한 자유를 갈구하고 있었다. 절대 자유를 갈구하는 마음은 절대적 신의 권능 앞에 무릎을 꿇는 것으로도 해결되지 않으며, 부와 명예로도 대신할 수 없으며, 전생의 업보에 순응해야 한다는 지배층의 논리(인도 카스트제도 등)로도 해결되지 않는다. 어느 자리에 있건 절대 자유인 해탈에 대한 갈구는 변함없는 것이다.

❸ 깨달음의 자리는 그냥 이루어지는 자리가 아니다. 무수한 세월에 걸친 수행에 의해서만 가능한 것이며, 철저한 인과의 법칙이 적용되는 것이다. 부처님은 하늘에서 절대적 권능으로 불쑥 나타난 분이 아니다. 오로지 자신의 처절한 수행에 의해 성취한 자리인 것이다.

위봉사 태조암 9천5백불탱

❹ 불교의 목적은 깨달음임과 동시에 중생제도이다. 자기만의 삶을 위한 수행도 아니며 또 그렇게 되어 있지도 않다. 모든 생명체는 한 뿌리이며, 독립된 그 어떤 것도 존재하지 않는다. 따라서 모든 존재는 보살행의 대상이다. 각각이 개인만을 생각할 때 이 세상은 고통의 세계가 되고, 모두가 전체를 생각할 때 이 세상은 평화로운 세계가 된다. 이것은 자신의 모든 것을 던질 때에만 가능해진다. 예컨대 삭발하고 승복으로 갈아입는 모양의 변화만으로는 불가능한 것이다. 부처님께서 그러하셨듯이 스스로가 보살이 되려는 서원과 노력이 있어야 하는 것이다.

이 과거세의 이야기는 동서양에 널리 퍼져 각 나라의 민담이나 우화로 변형되어 있는데, 이솝우화의 뿌리가 바로 『자아따까(Jātaka)』, 『본생경(本生經)』이다. 또한, 우리나라의 '토끼전'(혹은 '별주부전')의 원형도 '원숭이와 악어의 이야기'에서 그 원형을 볼 수 있다.

이 『본생경(本生經)』에 등장하는 부처님 과거생의 모습은 위인이나 수행자의 모습도 있지만, 날짐승·들짐승·물고기·나무·갖가지 사람들의 모습·도둑·요괴·천신 등 다양하다. 이 이야기들을 따라가다 보면 『화엄경(華嚴經)』에서 가리키는 '모든 꽃으로 장엄된 부처님의 세계를 연상해 볼 수도 있고(좋은 꽃만 있는 것이 아님), 선재보살의 구법여행에서 만나는 각종의 선지식을 떠올리게도 된다.

부처님의 전생이야기에서 우리는 이 세상 어떤 자리에서건 보살행(수행)을 할 수 있고, 어디에서건 눈 밝은 사람에게는 부처가 보이며, 모든 곳에 선지식이 있음을 알게 된다. 따라서 부처님께서 우리 곁에 오신 목적이나 위대한 분이라고 일컬어지는 당위성을 이 전생이야기에서 이미 설파해 놓은 셈이다.

이것을 『법화경(法華經)』〈방편품(方便品) 제이(第二)〉에서는 다음과 같이 요약해 놓고 있다.

제 불 세 존
諸佛世尊 이

유 이 일 대 사 인 연 고
唯以一大事因緣故 로

출 현 어 세
出現於世 하나니라

모든 부처님 세존께서
오직 중생을 제도하시려는 유일한 큰 인연을 위해
세상에 모습을 드러내시니라.

제불세존　　욕령중생
諸佛世尊 이　欲令衆生 으로

개불지견
開佛知見 하사

사득청정고　　출현어세
使得淸淨故 로　出現於世 하시며

욕시중생　　불지지견고
欲示衆生 의　佛之知見故 로

출현어세
出現於世 하시며

욕령중생　　오불지견고
欲令衆生 으로　悟佛知見故 로

출현어세
出現於世 하시며

욕령중생　　입불지견도고
欲令衆生 으로 入佛知見道故 로

출현어세
出現於世 하시니라

모든 부처님 세존께서 중생으로 하여금

부처의 지혜안목을 열고

청정한 경지에 이르도록 하시려고 세상에 모습을 드러내시며,

중생에게 부처의 지혜안목을 보이시려는 까닭으로

세상에 모습을 드러내시며,

중생으로 하여금 부처의 지혜안목을 깨닫게 하시려는 까닭에

세상에 모습을 드러내시며,

중생으로 하여금 부처의 지혜안목의 도에 들게 하시려는 까닭에

세상에 모습을 드러내시니라.

다시 말해 모든 중생들 속에 있는 부처의 세계를 열어서 보이고 깨닫게 하여, 그 자리에 들게 하려는 오직 하나의 목적이 있을 뿐이다.

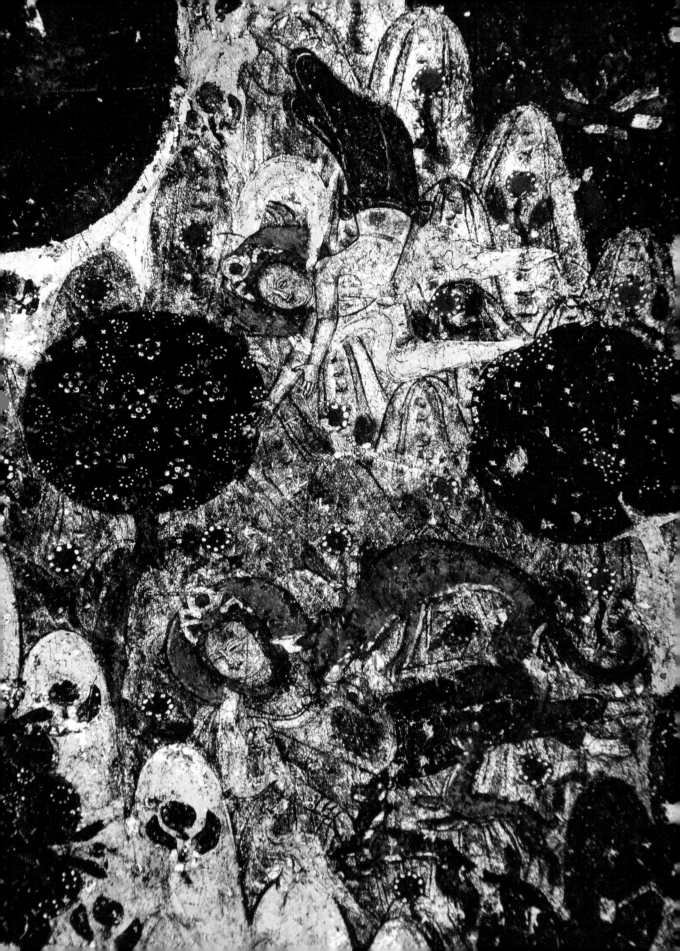

II - 1
몇 가지 전생 이야기

『금강경(金剛經)』
〈이상적멸분(離相寂滅分) 제14〉의 인욕선인(忍辱仙人)

우리가 가장 많이 독송하는 『금강경(金剛經)』에 아주 짤막하게 언급된 인욕선인(忍辱仙人)의 이야기는 『대비바사론(大毘婆沙論)』제182권, 『현우경(賢愚經)』제2권, 『출요경(出曜經)』제23권 등에 보인다.

부처님께서 과거 전생에 수행하실 때, 당시에 가리왕이라는 폭군이 있었다. 어느 날 사냥을 나갔는데, 왕이 낮잠을 즐기는 사이 시녀나 시종들이 주변을 산책하다가 한 동굴에서 수행자를 만나게 되었다. 그 수행자는 너무나 맑고 평화로워서 시녀와 시종들은 수행자에게 여러 가지를 묻고 설명을 듣다 보니 시간가는 줄을 잊었다. 왕이 깨어 보니 시녀와 시종들이 보이지 않는지라 병사를 풀어 찾게 되었다. 이윽고 그들이 낯선 수행자와 함께 있었다는 것을 알게 된 왕은 화가 치밀어 수행자에게 물었다.

◀ 부처님 과거생 태자의 신분이었을 때, 산에서 새끼를 낳고 지친 호랑이를 보고는 몸을 던져 호랑이의 먹이가 되어 어미와 새끼들을 살린 이야기 - 키질 제 114굴 벽화

"너는 무엇을 하는 놈이냐?"

"인욕을 수행하는 수행자입니다."

화가 난 가리왕은 인욕을 시험하겠다며 팔을 하나 잘라버렸다. 그래도 수행자는 화평한 얼굴로 동요하지 않았다. 왕은 더욱 화가 나서 팔과 다리 등을 차례로 잘라 나갔다. 그러나 수행자는 역시 동요를 하지 않았다.

이때 범천왕이 하늘에서 이 모양을 살피고는 내려와 가리왕을 죽이려 했다. 그러자 수모를 당하던 수행자는 웃으며 만류했다.

"나를 위한 일이라면 그를 살려 주십시오."

수행자는 범천왕의 치료로 원래대로 회복되었고, 가리왕도 크게 뉘우쳐 어진 왕이 되었다.

이 이야기에서는 보살의 동체대비와 무차별(無差別)의 경지를 보여준다. 큰 자비의 절대평등이니, 누가 해치고 누가 해침을 받는 것이 아니다. 이것을 금강경(金剛經)에서는 4상(四相)[1]의 차별적 관념이 사라진 경지라고 요약하고 있다.

....

1) 4상(四相) : 금강경에서 극복해야 할 관념으로 제시한 네 가지.
  ① '나'라는 관념 - 아상(我相)
  ② '사람'이라는 관념 - 인상(人相)
  ③ '중생'이라는 관념 - 중생상(衆生相)
  ④ '목숨'이라는 관념 - 수자상(壽者相)

▶ 가리왕에게 사지가 잘리고도 분노를 일으키지 않았던
인욕선인 이야기 - 키질 제 38굴 벽화

『대열반경(大涅槃經)』〈성행품(聖行品)〉의 설산동자

히말라야 깊은 산속에 한 동자가 큰 발심을 하여 수행하고 있었다. 어느 날 동자가 깊은 삼매에 들어 있을 때, 제석천왕이 시험하기 위해 나찰로 변해 내려와 과거 부처님께서 말씀하셨던 게송의 반을 소리 내어 읊었다.

제 행 무 상　　시 생 멸 법
諸行無常　　是生滅法

모든 것은 쉼 없이 변하나니,
이것이 생기고 사라지는 법칙이네.

삼매에 들었던 동자는 이 게송을 듣는 순간 환희심이 일어났다. 그러나 무언가 부족하다고 생각했다. 그래서 주위를 두리번거리며 게송을 읊은 이를 찾았다.

그러나 주위에 사람은 없었고 오직 험상궂은 나찰이 눈을 부라리며 노려보고 있었다. 동자는 처음엔 나찰이 그런 고귀한 말씀을 했을 리가 없다고 생각했지만, 이윽고 자신이 겉모양을 보고 잘못 판단했을 것이라고 반성하며 공손히 나찰에게 나머지 게송을 청했다.

그러나 나찰은 아마도 배가 고파 헛소리를 했나보다며 동자를 보며 입맛을 다셨다. 동자는 나찰에게 나머지 게송을 가르쳐주면 자기의 몸을 먹이로 주겠다는 제의를 했다. 이윽고 나찰이 나머지 게송을 읊었다.

생 멸 멸 이　　적 멸 위 락

生滅滅已　　寂滅爲樂

생기고 사라지는 경계가 사라지면,

고요하게 멸한 것이 즐거움 되네.

이에 동자는 이 게송을 돌과 나무에 새긴 후에 나무에 올라 나찰을 위해 몸을 던졌다. 제석천왕은 본래의 모습을 드러내 동자를 받아 내려놓고 찬탄하며 물러갔다.

깨달음에 이르고자 하는 이는 오직 진리에 모든 것을 던져 들어가야 한다. 별 볼일 없는 자신의 소유물이나 관념을 분별하고 따져 봐야 소용이 없는 것이다. 그러나 진리는 거룩한 모습으로 우리에게 다가오는 것은 아니다. 오직 열린 마음이 될 때, 그때 모습을 드러내는 것이다.

『본생경(本生經)』〈서계〉의 보살

부처님께서 보살로 수행하고 있을 때의 일이다. 어느 날 수행을 하고 있는 보살의 품속으로 비둘기 한 마리가 날아와 바들바들 떨며 살려 달라고 애원했다. 이윽고 뒤따라온 매가 자신의 먹이인 비둘기를 돌려달라고 요청했다.

"나는 모든 중생을 제도하겠다고 서원을 세웠다."

"그럼 나도 중생에 포함되니,

나를 굶겨 죽게 하진 않겠지요?"

"비둘기를 대신할 다른 것이 없을까?"

"그럼 당신의 살을 비둘기의 무게만큼 주시오.

그러면 비둘기도 구하고 나도 구하게 될 것이오."

보살이 살을 베어 저울에 달았으나 계속 비둘기가 무거웠다. 이윽고 보살이 자신의 온몸을 저울대 위에 올리자 비둘기의 무게와 같아졌다. 보살은 비둘기 대신 먹으라고 자신을 매에게 내어 주었다. 매는 천신으로 변해 보살에게 예경했다.

모든 생명은 똑같이 존귀한 것이다. 우리는 흔히 '죽어 마땅한 사람' 등의 표현을 하지만, 목숨은 미물이건 악한 사람이건 모두 귀한 것이다. 이렇게 보는 것이 보살의 마음이며, 불교의 시각이다. 결국 보살이란 자신을 던져 중생을 제도하는 것 외에는 다른 방법이 없는 것이다.

시비왕이 비둘기를 구하기 위해 자신의 몸을 매에게 내어 준 전생 이야기
- 키질 제 114굴 벽화

II - 2
선혜선인(善慧仙人) 이야기(1)

　　부처님의 전생이야기를 얘기할 때 반드시 등장하는 이름이 선혜선인이다. 현재 우리말로 번역된 부처님 일대기는 ① 『불본행집경(佛本行集經)』, ②『붓다차리타(Buddha-carita : 불소행찬(佛所行讚)』, ③『붓다의 과거세 이야기』(이것은 니다아나 까타아(Nidāna-Kathā)〈인연 이야기〉와 자아따까(Jātaka)〈본생 이야기〉로 구성된 것임), ④『과거현재인과경(過去現在因果經)』,⑤『팔상록(八相錄)』등이 있다. 이중에서 선혜선인의 수행에 관한 이야기는 ③의 [니다아나 까타아(Nidāna-Kathā)〈인연 이야기〉]와 ①④에 자세히 나오는데, 그 내용에 다소 차이가 있으므로 적절하게 인용하도록 한다.

　　아주 오랜 옛날 10만겁 과거에 아마라바티(혹은 아마라)라는 도시에 수메다(善慧 - 선혜)라는 바라문이 있었는데, 조상 7대에 걸친 엄청난 재물을 유산으로 남기고 부모님이 세상을 떠났다. 학문에만 열중하던 선혜는 젊은 나이에 부모를 잃은 충격과 한편으로는 엄청난 유산에 놀라면서 인생에 대해 다시 생각하게 된다.

"이만큼의 재산을 쌓았으면서도 나의 조상들은 다음 생을 향해 길을 떠날 때는 한 푼도 가져가지 못했다. 나는 이처럼 허망한 일을 계속할 수는 없다. 다음 세상에 또다시 이런 일을 되풀이한다는 것은 괴로움이다. 태어날 때마다 끝내 죽어 몸이 부서진다는 것은 괴로운 것이다. 나고 죽는 것이 없는 깨달음의 경지를 추구해야만 한다. 세상에는 괴로움의 반대가 되는 즐거움이 있듯이, 나고 죽는 것을 되풀이 하는 괴로움이 없는 고요한 세계도 반드시 있을 것이다.

〈자문(自問)〉 하지만 세상 사람들 모두가 그렇게 살고 있지 아니한가? 이 세상은 본래 그런 것이 아닐까?

〈자답(自答)〉 아니다. 똥통에 빠진 사람이 맑은 연못을 찾질 않는 것은 연못이 없어서도 아니며, 연못의 잘못도 아니다. 찾지 않는 사람에게 잘못이 있는 것이다. 마치 훌륭한 의사를 찾지 않는 환자처럼.

〈자문(自問)〉 그렇다고 해도 이 몸을 건강하게 유지하며 현실에서 행복을 찾을 수 있는 것이 아닐까?

〈자답(自答)〉 아니다. 이 몸은 보물을 뺏으려는 도둑과도 같고 눈앞의 것들도 그러하다. 내가 만약 이것들에 애착을 갖게 된다면 성스러운 길인 보물을 잃어버릴 것이다. 반드시 고요한 성으로 들어가지 않을 수 없다.

이렇게 생각한 선혜는 사람들을 널리 모아 재산을 나누어 주고 히말라야 산속으로 들어가 수행자가 되었다.

▲ 다람살라 남걀 사원에서 경전에 몰입한 서양의 여성 수행자

뛰어난 학문을 갖춘 청년 앞에 엄청난 유산을 남기고 부모님이 돌아가시는 상황이 전개되었다. 이럴 때 대부분의 사람들은 부모 잃은 슬픔에 젖겠지만, 그렇다고 엄청난 재산을 나누어 주고 학문도 팽개치고 고행자의 길로 나서기는 어렵다. 사랑하는 가족의 죽음은 크나큰 충격이다. 그러나 그 충격 때

문에 모든 것을 던져버리지는 않는다.

어떤 사람은 이렇게 생각할 것이다.

"나는 부모님처럼 헛되이 가지는 않을 것이다."

그래서 건강에도 유의하고, 재물을 쓰는 재미도 맛보며 인생을 최대한 즐기려 할 것이다. 그러나 근본문제는 여전히 남아 있다. 그래서 언젠가는 눈앞에 뜻대로 되지 않는 상황이 불쑥 나타나고 다시 또 괴로움에 떨어질 것이다.

선혜는 부모님을 잃은 상황을 맞아 인생의 근본문제인 삶의 괴로움에 접근하게 된다.

"왜 사람들은 부자건 가난하건 다 죽는가? 왜 부모님은 가져가지도 못할 재산을 모으려고 수많은 사람들을 이용하고 핍박했는가? 행복을 위해서라고 말하지만 무엇이 행복이란 말인가?"

이 선혜의 의심은 곧 석가모니부처님에게로 연결되는 시작도 끝도 없는 화두(話頭 - 의심)이다. 우리에게 오늘 일어나고 있는 고통은 무량한 과거부터 있어왔다. 부처님의 전생이야기가 아주 먼 과거에서 시작되는 것으로 설정된 것도 인간이 머나먼 과거에서부터 이 고통에서 벗어나고 싶은 갈망을 가졌음을 뜻한다.

그러나 동일한 상황에서도 보는 관점이 각기 다르며, 해결하려는 노력의 방향도 또한 각기 다르다. 가령 원대한 꿈을 안고 출가한 사람이라도 자신의 생각과는 다른 여러 상황과 만날 때, 어떤 이는 좌절하여 산을 내려가고, 어떤 이는 마음을 가다듬어 정진하고, 또 어떤 이는 그 상황에 점차 물들어 버리기도 한다. 누가 과연 현명한 사람일까?

우리는 수행의 길로 들어선 젊은 청년 선혜의 이름에 주의할 필요가 있다. 선혜(善慧)는 '훌륭한 지혜'라는 뜻이며, 선혜지(善慧地)는 보살의 10지 중 제9지에 해당된다. 즉 4무애해(四無碍解)[1]를 얻어 시방 일체에 불법을 연설하는 자리로, 보살이 이 경지에 이르면 모든 점에 있어서 법을 설하기 위해 나무랄 데가 없다는 것이다.

성장할 때부터 지켜봤던 한 청년이 불쑥 나를 찾아왔다. 학교를 졸업한 후 큰 회사의 영업담당으로 취직이 된 지 3개월 정도 지났다며 인사차 들렀는데 얼굴에는 고민이 가득한 듯했다. 이야기를 들어보니, 3개월 동안 잘 적응하진 못했지만 그런대로 지나갔는데, 최근 3일간 영업 부서의 힘든 경험을 처음 겪으며 갈등이 생겼다는 것이었다. 외국에서 고객이 왔

---

1) 4무애해(四無碍解) : 4무애지(四無碍智) 또는 4무애변(四無碍辯)이라고도 함.
　　①법무애(法無碍) - 가르침에 대해 막힘이 없는 것.
　　②의무애(義無碍) - 가르침이 나타내고자 하는 뜻에 막힘이 없음.
　　③사무애(辭無碍 또는 詞無碍) - 언어의 소통에 문제가 없는 것.
　　④요설무애(樂說無碍) - 위의 세 가지 지혜로 사람들에게 자유자재로 설하는 것.

는데, 상담하는 과정에서 접대를 하며 윗사람들과 함께 했어야 했고, 도저히 못갈 곳까지 가야만 했다며 앞으로의 일이 걱정이라는 것이었다.

이런저런 이야기를 나누는 동안 스스로 정리를 하는 듯싶더니, 끝으로 결론내리는 말이 아름다웠다.

"제가 이 나이에 벌써 탁한 상황에 적응해서 더 이상 고민하지 않는다면 그게 더 비참하겠지요. 하고자 하는 학문을 할 수 있는 여건을 만들 때까지 현명하게 제 자신을 잘 지키겠습니다."

▼ 토굴과 같은 처소에서 깊은 사색에 잠긴 라닥의 젊은 수행자

II - 3
선혜선인(善慧仙人) 이야기(2)

선혜는 히말라야 기슭에 있는 굼마카라는 산에 암자를 짓고 정진한 결과 선인(仙人)이라 불리게 되었다.

한편 제파바지라는 나라에 등조(燈照)라는 왕이 있었고, 이 왕에게 디이팡까라(Dīpaṁkara - 연등燃燈 · 연등然燈 · 정광錠光 · 보광普光 · 제화갈라提和竭羅)[1]라는 태자가 있어 출가하여 성불하니 연등불이시다.

연등불께서 선혜선인이 머무는 산 아래의 '람마'라는 도시인근의 '수닷사나 사원'에 와 계셨다. 람마 사람들은 사원에 가서 공양을 올리고 간절한 마음으로 연등불께서 람마를 방문하시어 공양을 받아 주시길 간청했고, 연등불은 이를 허락하셨다.

선혜선인은 연등불께서 람마를 방문하신다는 소식을 듣고 산을 내려가다가 500인의 고행자를 만나 삿된 소견을 바로잡아 주었는데, 고행자들은 자신들을 대신해 부처님께 공양을

---

1) 제화갈라는 석가모니불의 좌보처이며 이때 미륵보살이 우보처가 되는데, 이 삼존은 바로 과거 · 현재 · 미래불의 삼존으로 보면 된다.

올려 달라고 부탁했다. 선혜는 람마에서 선물을 찾던 중 고오피공주와 만나게 되었고, 고오피의 연꽃을 양보 받는 과정에서 최후생의 부부인연을 약속하게 된다.

람마는 부처님을 맞이하기 위해 길을 단장하느라 분주했고, 선혜선인도 이 일에 동참하길 원했다. 람마의 사람들은 선혜선인의 신통력을 이미 알고 있었기에 물웅덩이가 가장 많은 곳을 맡기게 되었다. 선혜선인은 신통력으로 길을 고칠 수는 없다고 생각하였다.

"부처님의 명호도 이 세상에서 듣기 어려운데 더구나 부처님께서 출현하심을 만나기란 힘든 일이다. 부처님을 직접 뵙고 설법을 듣는다는 것은 얼마나 어렵고 귀중한 인연인가. 그러니 내 몸으로 열과 성의를 다해 길을 닦는 데 봉사하리라."

이리하여 좋은 흙을 가져다 길을 고치는데, 끝내기도 전에 부처님께서 제자들과 함께 오셨다.

선혜선인은 미처 메우지 못한 흙탕물에 자신의 옷을 벗어 깔았으나 그것으로는 부족했으므로 머리카락을 풀어 진땅을 덮고 맨몸을 길에 던져 부처님께서 자신의 몸을 다리처럼 디디고 건너가시길 청했다. 그리고 이와 같이 말했다.

"내가 힘을 얻어 사람들에게 최선을 다함으로써 저절로 일체지에 도달하리라. 그리고 많은 사람들로 하여금 미혹을 뛰어넘도록 하리라. 윤회의 흐름을 끊고, 미혹 가득한 삼계에서의 삶을 부수어 진리의 배에 올라, 천상계를 포함한 이 세계에서 두루 사람들로 하여금 미혹을 건너뛰게 하리라. 나는 언젠가 반드시 성불하리라."

연등불께서는 선혜의 머리 곁에 우뚝 서신 채 맑고 푸른 보석 같은 눈으로 진흙에 엎드려 있는 모습을 한참 보시며 미래를 관찰하시었다. 그리고는 예언하시었다.

"여기 진흙에 몸을 던져 여래께 공양 올리는 젊은이를 보라. 그는 부처가 되고자 하는 굳은 마음으로 여기 이렇게 엎드려 있는 것이니라. 지금으로부터 수억만 년이 지난 후 세상에 출현하여 대단히 격렬한 정진과 노력을 하고 나서 보리수 아래서 성불하리니, 그때 석가모니라 하리라."

우리는 연등불을 친견하는 선혜선인의 모습에서 헌신적인 봉사와 자신의 모든 것을 던져 공양 올리는 모습을 보게 된다. 그 어려운 상황에서도 결코 중생제도와 성불의 대원을 잊지 않음도 볼 수 있다. 우리는 선혜선인의 이야기를 통해 다음의 몇 가지 답을 찾을 수 있겠다.

▲ 고행하는 수행자의 모습 - 키질 제 17굴 벽화

❶ 성불의 기연은 헌신적인 노력에 의해 가능하다.

　기연(奇緣)은 헌신적인 노력에 의해 맺어진다. 신통력을 쓰지 않는 선혜선인의 모습은 이미 자신이 가진 권력이나 재물 등으로 진실한 신심을 대신하는 쉬운 방법을 경계한다. 이로부터 엄청난 세월이 흐른 뒤 바로 권력이나 재물의 힘을 빌린 양무제의 불사에 대해 달마대사는 일갈했다. 그런 것은 보다 좋은 곳인 천상에 태어나는 복은 될지언정 깨달음으로 나아가는 공덕은 되지 못한다고 한 것이다.

물론 급고독장자(아나타 핀다카)처럼 아름답고 숭고한 불사를 행한 이도 많지만, 역사상 불교를 위한답시고 권력을 남용한 이들 때문에 불교 교단이 절름발이가 된 예가 한두 번이 아니다. 또한 엄청난 재력을 자랑한 사람들 때문에 승단 내부에 암세포가 퍼지듯 좋지 못한 상황이 전개된 일도 많았던 것이다.

비록 시간이 걸린다 해도 선혜선인과 같은 헌신적인 노력에 의해서만 부처님께 다가갈 수 있는 것이다.

❷ 자신의 모든 것을 던질 때에만 진정 자신을 위한 것이 된다.

선혜선인은 자기 몸을 보호해 주는 옷을 벗어 길에 깔았고 그것도 모자라 온 몸을 던져 흙탕물에 부처님 발을 더럽히지 않으려 했다. 그러면서 이렇게 간청했다.

"부처님께서는 흙탕물을 밟지 마시고 제 몸을 다리로 삼아 밟고 지나가십시오. 그것은 저에게 큰 이익이 되며 저의 즐거움이 될 것입니다."

❸ 중생을 제도한다는 것과 깨달음을 이루겠다는 것은 당연히 힘든 것이다.

자신의 몸을 밟고 연등불이 건너가시게 했듯이 자기의 사사로운 모든 것을 던질 때 중생제도의 길이 열리고 깨달음의 길도 열리는 것이다. 어떤 경우라도 이 원력을 잊어서는 안 되는 것이다.

❹ 성급하게 원력이 이루어지길 바라지 마라.

선정력과 신통력을 갖춘 선혜선인이 헌신적 노력하고 자신의 모든 것을 던졌건만, 연등불께서는 선혜가 곧바로 성불할 것이라고는 말씀하지 않으셨다. 큰 댐을 건설하는 사람은 작은 물동이에 물이 차듯 댐이 곧바로 채워지길 바라지 않고 기다린다. 그러나 한번 차면 한없이 쓸 수 있는 것이다.

II - 4
선혜보살(善慧菩薩) 이야기

연등불로부터 성불예언(수기授記)을 받은 선혜보살(이때부터가 보살 호칭이 적절함)은 자신의 대원에 대한 확신에 차 이렇게 생각했다.

'부처님의 말씀에 허망함이 없으며, 부처님 하신 말씀은 틀림이 없다. 마치 하늘로 던져진 흙덩이가 떨어지고, 태어난 것은 반드시 죽고, 아침이 되면 태양이 뜨는 것이 결정적이듯, 그처럼 부처님의 말씀도 결코 헛됨이 없다. 나는 반드시 깨달음을 이루리라.'

이 부분은 자기 원력에 대한 확신이다. 우리가 종교적 생활을 할 때 '믿음'은 필수적이다. 그러나 이 '믿음'의 내용은 종교마다 다르다. 불교에서의 믿음은 불·법·승 삼보에 대한 것도 기본이긴 하지만, 가장 중요한 것은 '나도 부처가 될 수 있다'는 믿음이며, 아울러 성불할 자격이 있다는 믿음이다.

◀ 연등불로부터 수기를 받고 있는 선혜보살 - 키질 제 69굴 벽화

이러한 내용이 빠져버린 믿음은 맹신(盲信)이 될 가능성이 많고, 스스로를 형편없는 위치에 설정해 두고 끝끝내 부처님께 복이나 애걸하는 신앙형태를 보이게 된다. 성불한다거나 불국토를 이룬다거나 할 때, 바로 내가 그렇게 할 수 있다는 철저한 믿음이 없으면 불가능한 것이다.

성불의 확신에 찬 선혜보살은 성불하기 위한 필수적인 덕목을 생각하기 시작했다. 그리하여 보살은 다음의 열 가지 바라밀을 차례로 사유하였다.

"깨달음을 이루기 위해서는 보시바라밀(布施波羅蜜)을 완성해야 한다. 지계바라밀(持戒波羅蜜)을 완성하고 출리바라밀(出離波羅蜜)을 완성하며, 지혜바라밀(智慧波羅蜜)을 완성하고 정진바라밀(精進波羅蜜)을 완성하며, 인욕바라밀(忍辱波羅蜜)을 완성하고 진실바라밀(眞實波羅蜜)을 완성하며, 결정바라밀(決定波羅蜜)을 완성하고 자비바라밀(慈悲波羅蜜)을 완성하며, 사바라밀(捨波羅蜜)을 완성해야만 한다."

"이 세상에서 보살이 완전하게 행해야만 될 깨달음의 지혜를 성취하여 부처가 되기 위한 덕목은 이 열 가지이며, 이 십바라밀은 동서남북상하 그 어느 곳도 아닌 오직 자신의 마음 속에 있다."

이후로 선혜보살은 끝없는 생을 모습을 달리하며 수많은 부처님과 승단을 위해 헌신 공양하고 이 십바라밀을 완성해갔다. 연등불의 수기 외에도 스물세 분의 부처님으로부터 수기를 받게 되었으며, 이윽고 성불 전 마지막 생으로 도솔천에 오르게 되었다.

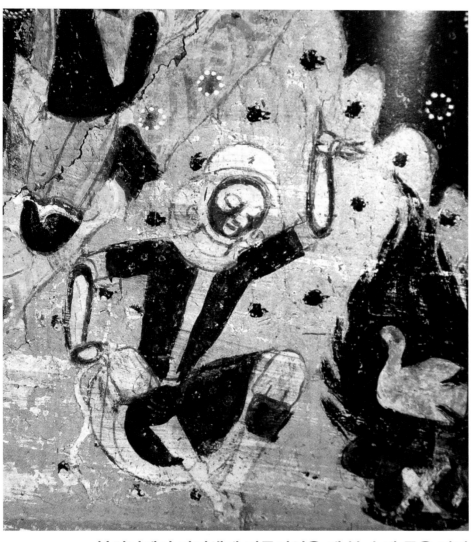

▲ 부처님께서 과거생에 비둘기였을 때 불 속에 몸을 던져
길을 잃고 굶어 죽게 된 사람을 구하다 - 키질 제 17굴 벽화

II - 4 선혜보살(善慧菩薩) 이야기

75

우리가 성불하기 위해 반드시 닦아야할 덕목이 있다면 그것은 바라밀(波羅蜜-빠아라미따아pāramitā-도피안到彼岸 : 깨달음에 이르기 위한 필수적인 수행)이다.

바라밀에 대한 전반적인 것은 교리 편에서 살펴보기로 하고, 선혜보살의 수행에서 보인 열 가지 바라밀을 살펴보자.

이 부분이 번역서마다 각기 다르긴 하지만 니다아나-까타아[Nidāna-Kathā: 인연이야기]에서 보면 다음과 같다.

① **보시바라밀(布施波羅蜜)** - 베푸는 행

　‘물이 가득 있던 병이 넘어져 물이 쏟아지면

　남아 있는 물을 찾아볼 수 없듯이 남김없이 보시하라.’

② **지계바라밀(持戒波羅蜜)** - 그릇된 행을 차단함

　‘목숨을 버리게 되는 경우라 할지라도

　계(戒)만은 소중히 보호한다면 부처가 될 것이다.’

③ **출리바라밀(出離波羅蜜)** - 현상적 삶의 욕망으로부터 벗어남

　‘오랫동안 옥중에 지내며 고통받던 이가

　결코 그곳에 애착심을 일으키지 않고

　오로지 벗어나려고 애쓰듯이

　어리석음의 삶으로부터 벗어나라.’

④ **정진바라밀(精進波羅蜜)** - 쉼 없는 바른 노력

　‘몸과 마음을 게을리 하지 않고 굳건히 노력해 간다면

　반드시 부처가 될 것이다.’

▲ 키질 쿠무툴라(Kumutula) 신(新) 2굴 천장의 장엄한 보살도

⑤ **인욕바라밀(忍辱波羅蜜)** - 한없는 포용력

　'대지는 깨끗한 것이거나 더러운 것이거나 모두 받아들여
　분노함도 없고 좋아함도 없듯, 찬탄과 멸시를 좋아하거나
　싫어하지 않는다면 올바른 깨달음을 얻게 되리라.'

⑥ **지혜바라밀(智慧波羅蜜)** - 어리석음을 벗어나 참다운 실상을 깨달음

　'수행자가 탁발을 나갈 때 하천한 집이건 존귀한 집이건
　보통 집이건 가리지 않고 음식을 구하듯, 언제 어느 때라도
　선지식에게 여쭈어 어리석음에서 벗어나는 참다운 지혜를
　찾아라. 그러면 반드시 깨달음을 얻을 것이다.'

⑦ **진실바라밀(眞實波羅蜜)** - 진실하여 거짓 없음

  '새벽별이 사람과 하늘 세계의 기준이 되어

  어느 때라도 궤도를 벗어나지 않듯이

  진실하여 진리로부터 이탈됨이 없도록 하라.'

⑧ **결정바라밀(決定波羅蜜)** - 흔들림 없는 결심

  '큰 바위산이 흔들림 없이 안정되어 태풍에도 흔들리지 않듯이,

  굳은 결심에 있어 흔들리지 말라.'

⑨ **자비바라밀(慈悲波羅蜜)** - 차별 없는 사랑

  '물이 착한 이나 그렇지 않은 이나 가리지 않고

  골고루 시원함을 느끼게 하듯,

  자기에게 이로운 이나 이롭지 않은 이나

  고루 사랑하는 마음을 지녀라.

  그러면 올바른 깨달음에 이르리라.'

⑩ **사바라밀(捨波羅蜜)** - 평등한 마음의 유지

  '대지가 깨끗한 것과 더러운 것에 좋아함과 싫어함이 없듯이,

  괴로움과 즐거움에 대해서 항상 평등한 마음을 유지하라.

  그러면 올바른 깨달음을 이루리라.'

  이상의 열 가지 바라밀의 근본이 어디에 있는가. 선혜보살은
그 어느 곳도 아닌 바로 자신의 마음속에 있다고 하였다.

▲ 키질 쿠무툴라(Kumutula) 신(新) 1굴 화려한 비천상(飛天像)

　다시 말해 이 모든 바라밀은 진솔한 마음에서 시작하여, 점차 자신의 마음에 남아있는 허상을 깨고 참된 자리에 이르게 하는 것이다. 모든 변혁은 곧 마음자리에서 비롯하여 마음자리에서 마무리되는 것이다.

　『유마경』에서는 이를 두고, '심청정 국토청정(心淸淨 國土淸淨)', 즉 '마음이 깨끗하면 국토가 깨끗하다'고 했다.

II - 5
호명보살(護明, 護命菩薩) 이야기

『불본행집경(佛本行集經)』에 다음의 설명이 있다.

「선혜보살은 무량한 세월에 걸쳐 자신이 세운 원을 성취하기위해 십바라밀(十波羅蜜)을 완성하고, 도솔천(兜率天-Tusita-deva : 욕계 6천 중의 제4천)[1]에 나시어 호명보살이라고 존칭되었다.

하늘세계에는 부처님께서 세상에 출현하실 것이라는 소문이 돌기 시작했고, 이를 미리 예견한 4천왕천·제석천·야마천·도솔천·타화자재천·대범천의 천인들이 모여 호명보살께 간청하였다.

----

1) 도솔천 : 인도말의 뚜시따-데바(Tusita-deva)에서 뚜시따의 뜻인 '만족시키다'의 의미에 따라 지족(知足)·묘족(妙足)·희족(喜足), 또는 희락(喜樂) 등으로 번역함. 그 중심 궁궐인 내원궁(內院宮)은 장차 부처가 될 보살이 사는 곳이라고 하며, 석가모니부처님도 현세에 태어나기 이전에 이 도솔천에 머물며 수행하셨다고 함. 현재는 미륵보살(彌勒菩薩)이 여기에서 설법하며 남섬부주(南贍部洲)에 하생(下生)하여 성불할 시기를 기다리고 있다고 함.

"존귀하신 스승이시여! 당신께서 십바라밀을 성취하심은 제석천의 영광이나 마왕·범천·전륜왕의 영광을 위하여 이루신 것이 아니옵고, 오직 세간의 사람들을 제도하시고자 일체지를 추구함으로써 이루신 것이나이다. 스승이시여! 바야흐로 부처가 되기 위한 때가 왔나이다. 존귀하신 스승이시여! 부처가 될 때가 되었나이다."

◆ 어떻게 도솔천에 스스로 가는가?

무량겁을 수행하여 십바라밀과 자신의 대원을 원만하게 성취한 보살은 스스로 도솔천에 가시어 이제 호명보살로서 천계의 스승이 되셨다고 한다. 어떻게 이런 일이 가능한가?

이 부분에 대해 『불본행집경(佛本行集經)』제5권〈상탁도솔품(上託兜率品)〉에서는 다음과 같이 설명하고 있다.

중생들은 목숨이 끝나는 날에 바람칼로써 마디마디가 쪼개어짐으로 고초와 고통을 받으며, 혹은 기운이 다하려면 숨이 편안치 않은 까닭에 큰 고뇌를 받아 본래의 마음을 잃고, 자신의 숙세 행을 잊어버리고 그 마음도 고요히 안정시키지 못하나, 보살은 그렇지가 않아서 목숨이 다하려 하는 날에는 바른 마음으로 생각하여 숙세의 인연으로 다음 생에 태어날 곳에 태어난다. 또한 모든 보살들은 법력이 있어 목숨이 다하면 천상에 나되, 일생보처(一生補處 - 부처의 자리에 오르기 직전의 최고의 보살위)의 보살은 반드시 도솔천에 왕생하여 마음에 매우 기쁨을 내고 만족하느니라.

이것은 아난 등에게 그 내력을 설명하는 대목이다. 여기에서 우리는 불교의 두 가지 생사관(生死觀)을 엿볼 수 있다.

생사(生死)의 범어(梵語)는 삼사아라(saṁsāra)이고, 윤회(輪廻)라고도 번역되는 말이다. 불교에서는 이 생사에 대해 여러 가지로 설명하고 있는데, 가장 대표적인 것이 위의 설명에서 보인 이종생사(二種生死)이다. 즉 분단생사(分段生死)와 변역생사(變易生死)가 되겠다.

① 분단생사(分段生死)

이는 중생의 생사윤회를 가리키는 것으로, 자신이 지은 선악 등의 업(業-karma:의지에 의한 행위)이 종자(因)가 되고, 어떠한 번뇌를 일으키고 있느냐 하는 것이 조건(緣)이 되어 다음 생을 받는 것이다. 이 경우는 많은 장애가 따르고 자기의 바람도 통하지 않으며, 한 생에서 다음 생으로 넘어갈 때 기억력 등이 연결되지 않는 단절의 생사이다.

② 변역생사(變易生死)

부사의변역생사(不思議變易生死)라고도 하는 것으로 성문·연각·보살의 생사이다. 이것은 원력과 수행력에 의해 자신의 뜻으로 몸을 바꾸어 가는 생사이다.

호명보살이 자신의 뜻에 의해 도솔천에 왕생한 것은 바로 변역생사의 최고 경지에 의해 가능한 것이며, 다음 생의 성불을 위한 준비 단계로 선택한 일인 것이다.

◆ 하늘세계도 28천이 있고 더 좋은 곳도 있는데
　왜 하필 도솔천인가?

도솔천은 욕계 6천중 하나인데, 그 아래 있는 사왕천·도리천·야마천은 욕정이 많고, 그 위로는 즐거움이 너무 크다고 한다.

『불본행집경(佛本行集經)』에서 부처님은 이렇게 설명하신다.

아래에 있는 하늘들은 많이 게으르고, 위의 하늘들은 선정의 힘이 너무 많아 고요하고 연약해서 다시 나기를 원하지 않나니, 이는 즐거움을 받느라 일체 중생을 위해 자비심을 발하지 않지만, 보살은 그렇지 아니하여 다만 모든 중생을 교화하려는 까닭으로 도솔천에 나는 것이다.

즉, 도솔천은 중도의 세계를 상징적으로 보여 주는 하늘이
며, 이 하늘이야말로 보살의 원력을 완성하는 최후의 준비처
가 되는 것이다.

▼ 호명보살께서 천신들의 호위를 받으며 하강하시는 모습
 - 해인사 대적광전 도솔래의상 부분도

◆ 호명보살 왜 천신들의 간청에 의해
   인간 세상에 하생하시어 성불하시는가?

　이는 어느 한곳에 집중되고 있는 절대적 권위를 깨고 있는
것이다. 간청의 내용을 보면 제석천이라는 '하느님'의 영광을
위한 것도 아니고(다른 종교에서는 흔히 '하나님의 영광을 위한다'는 말
을 한다), 마왕이라는 삿된 신통력에 의한 혹세무민(惑世誣民)
도 아니며, 범천이라는 내생의 복락을 뜻하는 사후생천(死後
生天)을 원함도 아니고, 세속적인 절대군주인 전륜성왕(轉輪
聖王)이 되기 위한 것도 아니다.

　보살은 일체중생을 제도할 목적으로 성불하시기 위해 일체
지를 완성하시는 것이다.

　여기에서 불교의 시작과 끝이 오직 하나로 연결되고 있음을
알 수 있다. 바로 일체중생을 위한 성불이며, 성불하여서는 일
체중생을 제도하는 것이다. 즉 절대 자유인 해탈과 영원한 평
화인 열반의 세계를 보여 주고 깨닫게 하는 것만이 참된 불교
인 것이다.

모든 천왕들과 천인들의 요청을 받은 호명보살은 성불할 때가 되었음을 아시고, 세상에 태어나기 위한 때·대륙·지방·가계·생부·생모의 수명에 대해 관찰하시어, 인간의 수명이 백세 정도일 때, 남섬부주 인도 카필라, 샤아카(Śākha)족 가계의 정반왕(슛도다나)과 마야왕비를 부모로 선택하신다.

이제 호명보살은 인간 세상으로 내려가 성불할 때라고 살폈다. 그러면 성불 직전까지 이어지는 기나긴 세월의 중심은 무엇인가? 우리는 전생 이야기에 등장하는 인물의 호칭을 그냥 지나치는 경우가 있는데, 잘 살펴봐야 한다.

먼저 '호명(護明, 護命)'은 '밝음(목숨)을 보호한다'는 뜻이다. 과거로 올라가면 선혜(善慧)로 '훌륭한 지혜'라는 뜻이고, 수기를 주신 '연등불(燃燈, 然燈佛)'은 '등불을 밝힌 부처님'이며, 연등불이 출가하기전의 태자시절 부왕은 '등조(燈照)'이니 '등불의 비침'이다.

연등불은 『법화경(法華經)』에서 여러 부처님을 계승하신 것으로 되어 있는데, 〈서품 제1〉에서는 다음과 같이 표현했다.

머나먼 아승기겁 전에 일월등명불(日月燈明佛)이 계셨고, 계속해서 부처님이 2만이나 출현하시는데 존호는 동일하게 일월등명불(日月燈明佛)이시다. 마지막 일월등명불(日月燈

明佛)은 출가 전에 왕이었는데, 그 왕에게 왕자가 여덟이 있었다. 이 왕자들은 일월등명불(日月燈明佛)로부터 부촉(咐囑)을 받은 묘광보살(妙光菩薩 - 문수보살文殊菩薩의 전신前身)로부터 법화경을 공부하였고, 마지막 왕자가 성불하니 그 존호가 연등불(然燈佛)이셨다.

　　지금까지 등장한 호칭들을 보면 일월등명(日月燈明)·묘광(妙光)·등조(燈照)·연등(燃燈)·선혜(善慧)·호명(護明)인데, 모두 빛과 연관이 있고 '밝고 밝은 정도가 해와 달 같은 그런 지혜'인 것이다.
　　이를 한마디로 요약하면 '지혜로운 삶'이다. 태양이나 큰 등불은 어둠을 깨는 밝음이 있고 따뜻함이 있다.

　　다시 말해 지혜와 자비의 상징으로 보면 좋겠다. 결국 성불은 지혜와 자비의 완성이라는 결론에 이르게 된다. 그래서 모든 부처님의 근본이라는 법신불(法身佛)이 빛을 뜻하는 '비로자나(바이로짜나Vairocana-광명변조光明遍照)'이다.

◆◆◆

※ 호칭을 살피면서 한 가지 주의할 점을 지적하고자 한다.

일본의 불교학자나 서양의 불교학자들 중에는 '태양'이라는 용어에 대해(예-대일여래大日如來) 샤아카족이 본디 태양숭배신앙을 가졌을 것이고, 그것이 부처님의 사상 속에 반영되었을 것이라고 주장하는 이들이 있다. 만약 이런 식으로 접근한다면 '등불'은 당연히 불을 숭배하는 신앙이라고 하지 않겠는가.

이것이야말로 달은 보지 않고 달 가리킨 손가락을 분석하는 경우이다. 이뿐만이 아니라 일본 학자들 중에는 은연중에 일본 특유의 신(神)에 대한 사상으로 불교를 해석하기도 하며, 신앙으로 가면 더욱 심해지는 경우가 있다. 이처럼 잘 드러나지 않는 왜곡을 우리나라 일부 학자들이 비판 없이 받아들이는 경우가 있고, 서적을 번역할 때도 세밀한 분석 없이 문장만을 옮기는 경우가 많아 좀 더 주의를 기울일 필요가 있다고 본다.

또 하나의 문제점으로는 수단을 빌린 경우에 그 내용까지 같다고 보는 견해가 있다.

예컨대 우리나라의 선(禪) 수행을 인도 요가의 일부라고 보는 견해인데, 다양한 요가의 행법에 좌선에 가까운 방법이 있긴 하지만 그 내용은 엄연히 다른 것임을 무시하고 있는 경우이다. 물론 이 경우는 주장하는 이가 선(禪)의 경지를 체험하지 않았기 때문이라고 보지만, 일반인들의 경우는 그 주장을 받아들여 오해할 소지가 많은 것이다.

불교가 요가의 방법을 빌리고 있다는 것과 불교가 요가의 일부라고 주장하는 것은 하늘과 땅 만큼의 차이이다.

◆ ◆ ◆

◆ 호명보살이 인간 세상에 태어날 때·장소·부모 등을 살피고 선택했다는 것은 무엇인가?

앞에서 설명한 변역생사(變易生死)의 차원에서 보면 크게 어려울 것이 없는 문제이다. 그러나 중생의 생사에서 보면 불가능한 것이다. 현실에서 우리도 자신의 굳센 의지로 어떤 목적을 성취하는 경우가 많다. 한편 의지력이 약한 사람은 매사에 자신의 뜻과는 상관없이 끌려 다니는 경우도 있는 것이다.

II - 6
도솔천에서 내려오심
- 도솔래의상(兜率來儀相)

석가족의 정반왕(슛도다나왕)과 마야왕비를 부모로 정한 호명보살은 도솔천에서의 몸을 버릴 때가 되었다고 생각하여, 도솔천의 환희원(歡喜園 - 환희로운 동산)에서 하늘의 삶을 끝내고 마야 왕비의 태에 들게 된다.

한편 카필라에서는 여름이 오는 것을 축하하는 아살라축제(6~7월)를 맞이하여 마야왕비가 몸을 깨끗이 하고 보시를 베풀고는 잠이 들었다. 그리고는 여섯 개의 상아가 있는 하얀 코끼리가 오른쪽 옆구리로 들어와 태에 드는 꿈을 꾸었다.

이 꿈에 대한 해몽에서 하얀 코끼리는 성자가 탄생할 때의 태몽이라고 해석되지만, 여섯 개의 상아와 오른쪽 옆구리로 들어왔다는 것에 대해서는 직접적인 설명이 없다.

◀ 도솔천으로부터 마야부인의 태중으로 들어오시는 호명보살님
- 조선조 팔상탱(해인사 소장)

경전에서 언급된 설명으로 숫자의 상징을 풀어보자.

먼저 여섯 개의 상아는 여섯 세계(육도六道)를 상징한다고 볼 수 있으므로, '여섯 개의 상아를 가진 흰 코끼리'는 '여섯 세계(온 세상)의 스승이 될 성자'로 풀어 볼 수 있겠다.

다음에 '오른쪽 옆구리'로 드셨다는 것은, 인도에서는 '오른쪽'이 '맑고 깨끗한 것'이나 '귀한 것'을 뜻하고, '옆구리'는 '왕족'을 뜻하므로 '훌륭한 왕족'임을 뜻한다고 보면 되겠다.

『인연이야기(Nidāna-Kathā)』에서는 보살이 마야왕비의 태에 든 순간 모든 세계가 진동하고 다음과 같은 32가지의 길조가 나타났다고 서술하고 있다.

1만 큰 세계에는 무량한 광명으로 가득 차고, 그 상서로운 조짐을 보고자 원한 저 눈먼 이는 시력을 얻고, 들을 수 없는 이는 소리를 들으며, 말 못하는 이는 서로 이야기 나누며, 등이 굽은 이는 꼿꼿해지고, 두 다리로 설 수 없었던 이는 걸어 다니고, 갇힌 몸이었던 온갖 사람들은 족쇄의 묶임으로부터 풀려나고, 모든 지옥에서는 불이 꺼지고, 아귀의 경우에는 굶주림과 목마름이 멈추고, 축생에게는 두려움이 없어지고, 모든 사람들의 병과 탐욕 따위의 번뇌의 불이 꺼지며, 모든 사람들은 애정 어린 이야기를 주고받으며, 기분 좋은 듯 말은 큰 소리로 울고, 코끼리는 소리 내어 울고, 모든 악기는 손을 대지 않았는데도 저절로 각기 음색을 내며, 인간의 손에 닿은 장신구는 울기 시작하고, 사방이 밝고 깨끗해지며, 사람들에게 상쾌한 기분을 불러일으키는 듯 부드럽고 청량한 바람이 불고, 때 아닌 비가 내리고, 대지에서는 물이 솟구쳐 넘쳐나고,

- (중략) -

그 모두가 참으로 아름다움의 극치에 도달한 것이었다.

이러한 내용을 접할 때, 합리적인 사고를 한다고 자처하는 사람들은 "위대한 사람들의 이야기는 미화되는 법이지"하며 무시해 버린다. 그러나 무시해 버린다면 중요한 것을 놓치게 된다.

◈ **부처님께서 이 땅에 오셨다는 것은**
   우리에게 어떤 의미가 있을까?

우리 모두는 이 세상에서 부분적으로나 혹은 어느 한 순간이거나 장님이 되기도 하고, 귀머거리가 되기도 하며, 벙어리가 되기도 한다. 그 무언가에 짓눌려 곱사등이가 되기도 하고, 절름발이가 되기도 하며, 무언가에 갇히고 묶인 듯 답답해하며, 지옥의 불길에 있는 듯 괴로워하기도 하며, 아귀처럼 목말라하기도 하고, 갖가지 두려움 속에 떨며, 대립하고 투쟁한다.

이 지상에서 이러한 것들이 완벽하게 사라진 예가 단 한 번도 없다. 그러나 이런 상황을 완벽하게 벗어난 이들은 분명히 존재했으며, 지금도 존재하며, 앞으로도 존재할 것이다. 바로 우리가 성자라 일컫는 이들이 그러했다. 그리고 그 분들은 바로 그 길을 열어 보이셨다. 그러나 사람들은 여전히 그것을 바로 보지 못하고, 바로 보지 못하기에 가지 않는다.

그렇기 때문에 앞의 예문에서도 단서가 붙어 있다. '상서로운 조짐을 보자고 한 사람'에게만 열리는 이 불가사의한 현상은 원하지 않는 사람들에겐 허황된 이야기일 뿐인 것이다.

부처의 길을 가려 하지 않는 사람, 예수의 길을 가려 하지 않는 사람이 불경이나 성서를 읽고 외우는 것은 한낱 지식에 불과하다. 그렇기 때문에 성현들의 이름을 앞세워 대립하고 투쟁하고 전쟁까지 일으키는 것이다. 한마디로 요약하면 성현들의 가르침과는 반대로 가고 있는 것이다.

마야왕비의 몸에 들 때 나타난 이 현상들은 부처님께서 열어 보이신 길이며, 또 우리에게 설파하신 내용이다.

그 예문을 이렇게 풀어볼 수 있을 것이다.

헛된 꿈에서 깨어나 바로 보라!
환청에 속지 말고 진리의 소리를 들어라!

제 주장만을 일삼아 세상 시끄럽게 하지 말고

참 생명의 말을 하라!

누가 짐 대신 져 주길 바라는가?

누가 일으켜 주길 바라는가?

누가 구원해 주길 바라고 있는가?

스스로 당당히 일어나라!

스스로 주인이 되라!

　이것이 바로 부처님께서 우리 곁으로 오셔서 들려주신 말씀
이요 길이다. 그러나 사람들은 지금 이 순간에도 그 길을 가지
않고 꿈속을 헤매고 있는 것이다.

III.
태자시절

◀ 미륵반가사유상

III - 1
이 세상에 태어나심
-비람강생상(毘藍降生相)

마야왕비는 열 달 동안 몸가짐과 마음 씀에 매양 최선을 다했다.(어떤 기록을 보면 거의 수행에 가까운 생활을 한 듯하다)

대부분의 어머니가 정도의 차이는 있어도 비슷할 것이라 생각한다. 그런 점에서 어머니는 위대한 것이다. 성모 마리아만 성모(聖母)가 아니라 모든 어머니는 모두 성모(聖母)라고 봐야 한다.

요즘에야 태교의 중요성을 재인식하게 되었지만 몇 년 전까진 예부터 전해오던 태교에 대해 거의 '미신'이라며 무시해 버렸다. 우리는 아직도 생명의 실상에 대해서 무지하다.

현재의 불완전한 과학(과학은 결코 완벽할 수가 없다)으로 밝히지 못하는 것은 무조건 미신이라고 무시해 버린 결과로 정신적 세계나 생명의 실상에 대해선 옛날보다 훨씬 무지한 상태가 된 것이다. 태아가 어머니의 모든 것을 대부분 흡수하듯이 받

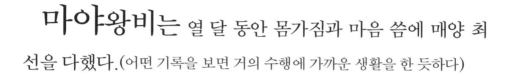

◀ 룸비니 동산에서 마야왕비의 오른쪽 옆구리로 탄생하심
- 해인사 팔상탱 비람강생상(조선시대)

아들인다는 것을 안다면 그릇된 생각이나 언행을 할 수 있겠는가? 어머니의 몸은 상품을 만들어 내는 공장과 같은 것이 아니다. 이 세상에서 가장 먼저 인격 형성 등을 책임진 스승이기도 한 것이다.

마야왕비는 열 달이 찼을 때 슛도다나왕에게 출산을 위해 친정인 데바다하(천비성-카필라의 동쪽, 로히니강 건너의 성)에 다녀올 것을 말하고 출발했다. 당시의 관습으로는 친정에 가서 아기를 낳는 것이 정상이었던 것이다. 왕비 일행이 데바다하로 가는 중간쯤에 카필라와 데바다하의 주민들이 함께 소유해 온 '룸비니'라 불리는 아름다운 동산이 있었는데, 왕비가 그 아름다움에 끌리어 쉬어가기로 했다.

룸비니 동산에는 때마침 사라나무(혹은 아쇼카나무-무우수 無憂樹)마다 꽃이 활짝 피어 있었고, 새들이 노래하며 날아다니고 있었다. 왕비가 숲 속으로 들어가 사라나무를 잡으려 하자 나무가 저절로 가지를 드리웠다. 왕비가 사라나무를 잡는 순간 산기를 느꼈고, 시녀들은 장막을 쳐 가렸다. 그때 오른쪽 옆구리로 옥동자를 낳으니 대범천이 황금그물로 보살을 받아 모셨고, 용왕들은 시원한 청정수를 토하여 보살을 씻겨 드렸다. 그러자 보살의 몸에서 광명이 나와 삼천대천세계를 두루 비췄고, 온 세상의 다른 광명은 빛을 잃었다.

▲ 싯다르타 태자가 룸비니 동산의 나무 아래에서 탄생하는 모습
- 키질 제 175굴 벽화

보살은 스스로 사방으로 일곱 걸음을 걸으니, 수레바퀴 같은 연꽃이 땅에서 솟아 그 발을 받쳤다. 시방(十方)을 두루 살핀 보살은 오른손으로 위를 가리키고 왼손으로 아래를 가리킨 후 이렇게 사자후(獅子吼)하셨다.

천 상 천 하　유 아 독 존

"天上天下　唯我獨尊

삼 계 개 고　아 당 안 지

三界皆苦　我當安之

하늘 위 하늘 아래 오직 나 홀로 존귀하도다.

삼계가 다 괴로우니, 내 마땅히 그 괴로움 편안케 하리라."

룸비니동산에서 탄생하신 보살의 모습을 서술하고 있는 이상의 이야기에서 몇 가지 상징을 풀어 보기로 하자.

[1] 마야왕비가 꽃가지를 잡고 서 있는 상태에서 오른쪽 옆구리로 탄생했다.

당시 인도에서는 엄격한 출신 성분의 구분이 있었는데, 성격상 자아띠제도(jāti-출생)라고도 하고 바르나제도(varna-피부의 색)라고도 한다. 그러나 우리는 이것을 '카스트제도'라고 통상 쓰고 있으며 '사성계급제도'라고 번역했다. 이 카스트는 인도의 말이 아니다. 16세기에 포르투갈에서 온 사람이 인도의 특이한 신분제도를 보고 '카스타(casta)'라고 표현한 것에서 비롯되었다고 한다.

인도의 신분제도는 매우 복잡한 것이지만, 우리가 말하는 사성계급제도는 바라문(brāhmaṇa-사제계급), 크샤트리야(kṣatriya-왕족·무사), 바이샤(vaiśya-평민), 수드라(śūdra-노예)의 넷이다. 이들은 각기 브라만신의 입, 옆구리, 허벅지, 발에서 출생했다는 설이 있다.

위의 설에 의하면 오른쪽 옆구리로 태어났다는 것은 '거룩한 왕족 출신'이라는 뜻이 된다. 그러나 훗날 부처님께서는 이것을 인정하지 않았고, 누구나 출가하면 동등한 제자가 된다는 점을 강조함으로써 출생에 따른 귀천을 허물어 버렸다.

▲ 부처님의 탄생지인
네팔 룸비니의 마야부인당에 조성해 놓은 태자탄생상

[2] 사방 일곱 걸음을 걸으셨다.

불교에서는 깨닫지 못한 중생들이 업에 따라 생사를 거듭하는 것을 육도윤회라고 표현한다. 육도란 고통 가득한 지옥, 탐욕의 노예가 된 아귀, 어리석음에 빠진 축생, 분노의 포로인 아수라, 즐거움 가득한 천상과 이 모든 것을 고루 갖춘 인간의 세계이다. 부처님께서는 깨달음을 이루심으로써 이 육도윤회로부터 완전히 벗어난 해탈경계를 보이시는데, 이것이 일곱 번째의 걸음이다. 사방으로 일곱 걸음을 걸으신 것은 곧 모든 세계의 중생을 해탈케 하실 분이라는 상징으로 보면 좋겠다.

[3] 천상천하(天上天下) 유아독존(唯我獨尊)
삼계개고(三界皆苦) 아당안지(我當安之)

'온 우주에서 오직 나 홀로 존귀하다'는 이 말은 유아독존(唯我獨尊)의 해석에 따라 오해의 소지가 많은 구절이다. 이때의 '아(我)'는 어리석음에 빠져 있는 중생으로서의 '나'가 아니라, 과거로부터 모든 것을 닦아 성불하신 부처님의 자리인 깨달음의 자리이며 절대자유의 자리이다. 또한 때문을 수 없는 우리의 본성자리이다.

그러나 순수 본성을 보지도 못한 상태의 이기적인 나는 절대 아니다. 그것은 "삼계가 다 괴로우니, 내 마땅히 그를 편안케 하리라."하는 구절을 보면 보다 명확해진다.

삼계는 욕계(欲界)·색계(色界)·무색계(無色界)인데, 풀어보면 저 하고픈 대로만 하려드는 개인주의, 경제제일주의에서 볼 수 있는 물질 중심적인 가치관, 학문이니 신이니 하는 것에 빠져 있는 삶을 가리킨다.

이런 어떤 것도 괴로움에서 벗어날 수 있는 것이 아니라고 부처님께서 지적하신 것이며, 이런 것의 얽매임에서 벗어난 절대자유의 경지에 이른 이가 가장 존귀하며, 그때에만 진정

▶ 태어나자마자 사방을 걷고 하늘과 땅을 가리키는 모습
  - 통도사 영산전 팔상탱 비람강생상 부분도, 1775년

後弊虙宮　負太微宮

惟我獨尊　指天指地

溫井自出

한 편안함에 이른다는 것이다. 무언가에 의지하지 않고는 절대로 행복할 수 없다는 기존의 주장에 대해, 모든 해결의 열쇠는 자신에게 있는 것이라는 것을 일깨워 주신 것이다.

석존께서 평생 펼쳐 보이셨던 것을 한마디로 요약해 놓은 것인 만큼, 바르게 이해하기가 어렵고 오해가 많은 것 같다.

▼ 룸비니 유적 발굴 시 출토된 싯다르타의 발자국
- 마야부인당에 보전

III - 2
마지막 생의 시작

왕자가 태어나자마자 카필라는 축제 분위기에 휩싸이고, 슛도다나왕은 백성들에게 며칠 동안 보시를 행한다. 이윽고 닷새째가 되자 왕자의 이름을 짓기 위해 여러 바라문을 초청하여 왕자의 상을 보게 하였다. 당시 바라문 중에는 여러 학문에 뛰어난 특별한 바라문이 여덟 명 있었는데, 라마·다샤·락카나·만다·콘단냐·보쟈·수야마·수닷타였다. 이 중 일곱 명은 다음과 같이 예언하였다.

"이와 같은 상을 갖춘 이는 재가생활을 하게 되면 전륜왕이 될 것이요, 출가하게 된다면 부처가 될 것입니다."

그러나 젊은 청년 바라문이었던 콘단냐(교진여)는 혼자 생각했다. "이러한 상을 갖춘 분이 집안에 머물 것이라는 것은 상상할 수 없다. 틀림없이 부처가 되실 분이다." (콘단냐는 뒷날 왕자가 출가하였다는 소식을 듣고 바로 출가하였고, 나머지 바라문들은 나이가 많았기에 왕자가 출가한다면 제자가 되라는 유언을 남겼다. 그 중 네 명이 출가하여 최초 5비구가 되었다고 한다)

107

여덟 명의 바라문들은 모든 것을 성취한다는 뜻의 '싯다르타 (siddhārtha)'라는 이름을 지어 올렸다.

▲ 카필라 성터에서 축제를 벌이고 있는 샤카족 사람들

한편 숲 속에 있던 아시타선인은 전륜성왕이나 부처님이 되실 상을 갖춘 왕자가 탄생했다는 소문을 듣고 직접 왕궁으로 찾아와 왕자의 상을 보고 슬피 눈물을 흘리는 것이었다.

숫도다나왕과 마야왕비는 놀라서 그 까닭을 물었다. 그러자 아시타선인은 다음과 같이 우는 연유를 말했다.

"이와 같은 상을 갖추신 왕자님은 전륜성왕이 되시거나 출가하시면 부처님이 되실 것입니다. 그러나 제가 살펴보건대 분명히 출가하시어 위없는 깨달음을 이루시고 부처님이 되시어 일체 중생을 제도하실 것입니다. 그러나 저는 이미 나이가 많아 부처님의 법문을 들을 수가 없으니, 그것이 슬퍼 눈물을 흘린 것입니다."

숫도다나왕은 기쁘기도 하고 걱정되기도 하여 바라문 등으로부터 출가의 동기가 무엇이 될 것이냐를 묻게 되었고, 바라문들은 노인·병자·장례모습·출가사문을 보게 되면 출가할 것이라고 답했다. 이에 왕은 왕자의 곁에는 이런 노인·환자를 두지 않고 장례의 모습이나 출가사문을 볼 수 없도록 주의를 기울였다.

우리가 경전을 통해 알게 된 호칭에 석가모니·구담사문·실달태자 등이 있다.

'석가모니'는 샤아꺄무니(Śākyamuni)를 소리로 옮긴 것으로 '석가족(Śākya)의 성자(muni)'라는 뜻이고, '구담사문'은 가우따마 쉬라마나(Gautama śramaṇa), 고따마 사만나(Gotama samaṇa)를 소리로 옮김 것으로 '고타마 출가자'라는 뜻이며, '실달태자'는 출가 전의 이름인 싯드하르타(Siddhārtha)를 소리로 옮긴 것이다.

여러 기록을 통해 살펴보면 석가족은 농업을 주업으로 하면서도 무예가 출중하였고, 특히 종족에 대한 자긍심이 대단하여 뛰어난 단결력을 보였으며, 외모 또한 출중했던 것으로 보인다.

왕자의 미래에 대해 예언가들은 두 가지를 말하고 있으니, 바로 전륜성왕과 부처님이다.

전륜성왕(轉輪聖王)은 전 세계를 통치할 능력을 갖춘 인물이다. 이 전륜성왕이 가졌다는 일곱 가지 보배를 보면, 윤보(輪寶-전차군단-수레)·상보(象寶-코끼리군단)·마보(馬寶-기마군단)·주보(珠寶-재력)·여보(女寶-종족보존력)·거사보(居士寶-출중한 인재)·주병신보(主兵臣寶-신하와 병사)로 세상에서 바라는 모든 것을 갖춘 것이 된다. 이것은 사람들이 꿈에 그리는 절대자의 위치를 뜻하는 것이다.

카필라의 입장에서 보면, 작은 나라에서 전 인도를 통치할 절대적 능력을 지닌 왕의 출현을 바라고 있었을 것이며, 특히 숫도다나왕은 절실했을 것이다.

그러나 한편 모든 사람들의 입장에서 보면 절대적인 통치자의 출현으로 개개인의 괴로움이 해결되는 것은 아니다. 가령 강대한 통일국가를 이룬다고 해도 늙고(노老) 병들며(병病)

▲ 왕이 될 운명으로 태어나신 싯다르타 왕자
- 해인사 팔상탱 비람강생상 부분도

죽는 것(사死)을 피할 수 없으며, 매일 일어나는 고뇌가 문득
사라지는 것은 더더욱 아니다. 그러므로 부처님의 출현이야말
로 모든 이들의 바람이며, 그러기에 더 비중이 실리는 것이다.

III - 3
전륜성왕(轉輪聖王)의 준비

왕자를 낳은 마야왕비는 7일 만에 돌아가시고, 왕자는 이모이며 양모인 마하아쁘라자아빠띠이(Mahāprajāpatī)에 의해 양육된다. 부왕은 예언가들의 예언이 있었던 만큼 궁중 밖의 생활을 철저히 차단하면서 오로지 전륜성왕이 되길 바랐고, 그에 필요한 교육을 시켰다. 왕자는 비사바밀다라와 찬제제바 등의 스승으로부터 통치자로서 갖추어야 할 모든 학문과 군사에 관한 것이나 병법·무술 등을 두루 섭렵하며 출중한 모습을 보여 부왕을 기쁘게 했고, (어떤 기록에는) 오히려 궁중의 쾌락에 빠져들기도 하는 등 부왕이 걱정했던 상황과는 멀어지는 듯 했다.

이윽고 부왕은 싯다르타를 태자로 봉하고 직접 통치자로서의 실습을 시키게 되는데, 그것은 농경제의 참여였다. 농업을 기본으로 하는 카필라로서는 일 년의 농사를 시작하는 '시농제'에 왕이 반드시 참여하여 첫 쟁기질을 해야 하는 것이었다. 이 시농제에 참여할 때의 태자 나이는 열두 살이었다. 이 시농제는 태자에게 새로운 세계를 보게 했다.

부왕이 쟁기질을 한다고는 하지만 그것은 형식적인 것이었다. 화려한 장식을 한 쟁기며 여러 마리의 소, 혹시 무슨 일이라도 일어날까 봐 한시도 곁을 떠나지 않는 시종들과 호위무사들 속에서 잠시 쟁기질 시늉을 한 왕은 곧 준비된 자리에서 준비된 음식을 먹은 후, 한가롭게 농부들이 일하는 것을 보며 신하들과 담소하고 있었다. 한편 시선을 돌려보면, 농부들은 거의 벌거벗은 모습으로 땀을 뻘뻘 흘리면서 소를 후려치며 힘겹게 일을 하고 있었다. 시간이 흐를수록 농부도 소도 지쳐갔다. 태자의 시선은 농부의 흙먼지 가득한 모습, 햇볕에 탄 거칠고 검은 피부, 게다가 잘 먹지 못하여 뼈가 드러난 것까지 놓치지 않았다. 이 극과 극을 달리는 대조적인 모습에서, 왕자는 그때까지 보지 못했던 새로운 세상을 보게 되면서 혼란스러웠다. 바로 그때 태자의 눈에 들어온 광경은 태자를 심한 충격에 빠지게 했다.

쟁기질에 흙이 뒤집히자 땅속 벌레들이 꿈틀대었고, 그 벌레들을 작은 새들이 쪼아 먹었다. 그러자 큰 새들이 다시 작은 새를 낚아챘다.

이제 태자는 더 이상 잔치 분위기에 젖어 있을 수 없었다. 슬그머니 그 자리를 빠져나온 태자는 숲 속으로 들어가 나무 아래에서 깊은 생각에 잠겨 들었다.

▲ 태자가 나무 그루터기에 걸터 앉아 사유하던 모습을 가져온
미륵반가사유상 - 개화사 무량수전

'중생들은 참으로 불쌍하구나. 서로 잡아먹고 먹히는 이러한 세계 속에서 모든 중생들은 괴로움을 받고 있구나. 이러한 고통을 해결할 길은 무엇이란 말인가?'

이런 내용을 접하면서 대개의 사람들은 "열두 살 꼬마가 뭐 그런 생각을 하나?"하며 믿지 않을 것이다. 그러나 사물을 보고 통찰하는 이런 능력은 반드시 나이에 비례하지 않는다. 나이 든 어른이라도 늙어 죽는 순간까지 '그러려니'하고 사는 이가 있을 수 있고, 반면에 십대의 청소년이 삶과 죽음에 대해 생각하면서 인생의 진정한 가치에 대해 심각하게 생각하며 어른들의 삶을 비판하는 경우도 있다. 단지 어리다는 이유만으로 무시당할 뿐이다.

내가 십대에 출가의 뜻을 비쳤을 때 주변 어른들은 인생에 대해 잘 알지도 못하면서 너무 극단적인 생각을 한다고 만류했다. 지금 출가자로서 똑같은 문제에 대해 얘기하면, 이미 출가한 입장이기에 너무나 당연한 듯이 받아들인다.

열두 살의 태자로서는 부왕과 궁중 사람들 속에서 아무런 부담 없이 보고 넘어 갈 수 있었던 문제였다. 그러나 뛰어난 통찰력을 지닌 태자의 눈에는 대단히 충격적인 광경이었음에 틀림없다.

그동안 궁중의 생활과 갖가지 학문 등에 집중했던 태자의 생활태도를 보며 부왕은 너무 쉽게 안심해 버린 것이다. "이제 태자는 출가하지 않을 것이다."고 생각했던 부왕의 속단은 '시농제'를 통해 완전히 깨어지게 되는 것이다.

이윽고 태자가 보이지 않는 것을 눈치 챈 부왕은 사람들을 풀어 숲 속을 뒤진 끝에 큰 나무 아래 명상에 잠긴 태자를 발견하였다.

『과거현재인과경』에는 명상에 잠긴 태자의 믿음직한 모습에 부왕이 감격하여 자신도 모르게 큰절을 했다고 기록했으나, 보다 사실적인 기록을 한 곳에는 부왕이 예언자들의 말을 떠올리며 두려움에 떨었다고 하였다.

▼ 카필라 성터 가까이 있는 농촌의 모습

III - 4
새로운 시작

시농제를 계기로 태자는 새로운 시각을 갖게 된 듯하다. 이제까지 궁중에서 보고 들은 것은 어디까지나 통치자의 세계이며, 또한 통치자로서의 가치관만을 교육받아왔던 것이기에 어쩌면 그 생활이 유일한 삶의 길이라고 생각했을 수도 있다. 어떻게든 훌륭한 왕이 되어서 나라를 잘 다스리는 것만이 모든 백성을 위하는 길이요, 자신의 행복이라고 생각했을 수도 있다.

그런데 여기 한 가지 의심이 생긴다. 전생 이야기에서는 보살이 성불하여 중생을 제도할 목적으로 이 세상에 사람의 몸으로 태어난 것인데, 어떻게 까마득히 이런 것들을 잊어버리고 있었던 것일까?

여러 경론의 설명을 보면, 보살의 화현으로 인간의 몸으로 이 세상에 올 때, 어머니 태중에 있는 기간에 일시적으로 망각하게 되어 어느 정도까지는 평범한 어린 시절을 보낼 수 있다고 하고 있다. 또 어떤 경론에서는 보살이 일부러 인간들이 겪는 모든 과정을 하나씩 보여줌으로써 다른 이들에게 희망과 가능성을 열어 보인다는 것이다.

어쨌거나 시농제를 기점으로 해서 태자의 사고는 완전히 방향을 달리한다. 태자의 생각으로는 부왕이 매우 현명하고 어진 분이었으나 그렇다고 국민들이 행복한 생활을 누리는 것 같진 않았다. 더군다나 생로병사 등의 고통에 대해서는 제왕의 길이 해결책이 아니라는 것을 자각하기 시작한 것이다.

이것을 눈치 챈 부왕은 제왕의 길에 대한 교육을 강화시켜 나갔고, 한편으로는 새로운 태자궁을 지어 밤마다 잔치를 베푸는 등 쾌락으로써 태자의 생각을 돌리려고 했다. 하지만 그럴수록 잔치가 끝난 뒤의 허망함이나 아름답게 치장한 무희들의 지치고 흐트러진 모습들이 보이면서 태자는 점차 결심이 굳어져 갔던 것이다.

『불본행집경(佛本行集經)』제14권〈공성권염품(空聲勸厭品)〉제15에는 태자의 이러한 결심을 반영하듯 작병천자의 입을 통해 다음과 같은 게송이 허공중에서 읊어진다.

제 몸이 얽히었으면서 남을 풀어주려 함은
마치 장님이 뭇 장님을 끄는 것 같네.

자기 몸을 해탈해야 남을 이끌어 주나니
마치 눈 밝은 이라야 다른 사람을 인도할 수 있음과 같네.

착하다 어진 이여
이제 한창 때
빨리 출가해 숙세의 원을 원만히 이루시오.

응당 하늘과 인간을 이익 되게 하시리니
오욕을 행하는 자는 싫어할 줄을 모르네.

육진의 경계에서 빠져나오기 어려워도
출세하여 큰 지혜 행하는 이라야
이에 이 오욕을 싫어해 떠나리니
그러므로 어지신 이여, 이제 곧 출가하소서.

중생에게 번뇌의 병 하도 많으니
당신이 마침내 큰 의사 되시어
갖가지 진리의 약 설파하시어
빨리 제도해 열반에 이르게 하소서.

무명의 어두움이 가리고 덮여
모든 견해의 그물이 갖가지로 얽혔네.

지혜의 큰 등에 속히 불을 밝혀서
천상과 인간으로 하여 지혜의 눈 얻게 하소서.

▲ 네팔의 카필라 왕국의 유적지는 붉은 벽돌의 기단부만 남아 있다

이 게송의 뒤에 숙세인연에 대한 얘기도 나오고, 또 반드시 출가 수행하여 성불하고 중생을 제도해야만 하는 까닭이 서술되고 있다. 비록 작병천자의 입을 빌리긴 했으나, 이것은 태자의 결심으로 보면 좋을 것 같다.

사려 깊은 태자가 왜 부왕이나 샤카족의 바람을 모르겠는가.

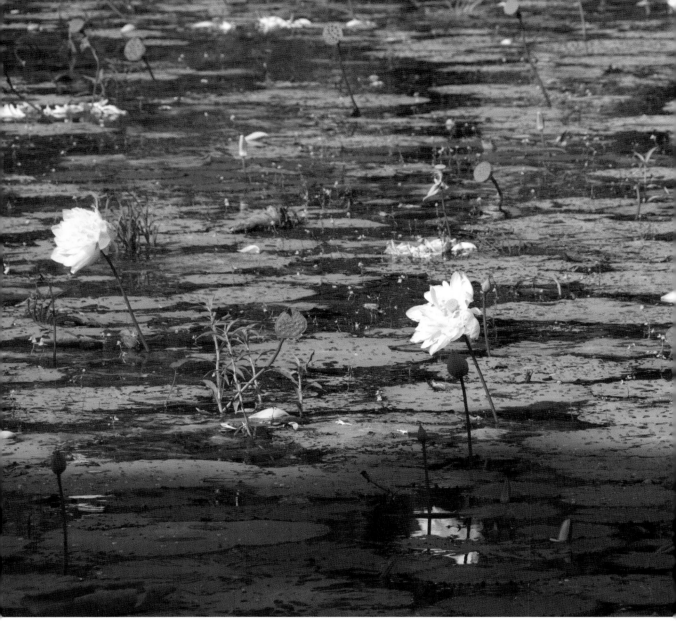

▲ 카필라 성터의 연못에 핀 유난히 큰 연꽃들

그러나 스스로 한계를 알고 있는 입장에서는 그 한계를 극복할 방법을 선택할 수밖에 없는 것이다. 부왕이 태자의 뜻을 꺾으려 세속적인 모든 노력을 기울이지만, 태자의 눈에는 그 유혹들의 부질없음이 보이고 결국 출가의 결심만 더욱 굳게 만드는 것이었다.

III - 5
태자의 결혼과 아들 라아훌라

태자의 결심을 눈치채고 있던 부왕은 마지막 방법으로 결혼을 서두르게 되는데, 이 부분에 대해서는 경전마다 차이가 있다.

과거세 이야기를 살필 때 '선혜'선인과 '구리'선녀의 인연이 있었다. 우리는 이것이 태자와 '야소다라'비로 이어지는 소중한 인연으로만 알고 있지만, 『수행본기경(修行本起經)』(과거현재인과경過去現在因果經과 동본同本)과 『불본행집경(佛本行集經)』에는 다른 내용이 보인다.

태자(太子)의 첫 번째 부인은 열일곱 살 때 결혼한 '고오파'이다. 부왕이 태자에게 결혼할 것을 강요하자 태자는 오히려 잘된 일이라고 생각하여 금세공장에게 절세미인상을 만들게 하고 거기에 까다로운 조건들을 새기게 했다. 이윽고 '단다파니'라는 부호의 딸 '고오파'가 그 조건을 만족시켜 태자는 부득이 결혼을 하게 된다. 그러나 수년이 지나도 자식이 없었다.

부왕은 다시 두 번째의 결혼을 서두르게 되는데, 이때 '야소다라'가 간택된다. '야소다라'는 태자를 직접 찾아가 직접 자신의 뜻을 전하여 허락을 받아내는 여장부다운 모습을 보였다.

하지만 역시 늦게까지 자식이 없었다. 결국 또 한 번의 결혼을 하게 되어 태자궁이 셋이 되었다. 이것이 바로 삼시전(三時殿)으로, 세 사람의 태자비가 머무는 궁이었다.(흔히 계절에 맞춰 지어진 궁이라고 알고 있다) 결국 '야소다라'가 라아훌라를 낳아 최종적으로 태자비가 된 것이다.

'슛도다나'왕에게는 여러 왕자가 있었다. 태자의 이모이자 새어머니인 '마하아쁘라자아빠띠이'에게서 난 왕자들이었다. 그러나 싯다르타태자가 가장 출중했을 뿐만 아니라, 부왕으로서는 어떻게든지 출가를 막고 왕위를 계승케 하여 카필라를 강대국으로 만들어야겠다는 바람이 있었기 때문에 자식이 없다는 이유로 여러 번 결혼을 시켰다고 볼 수 있다. 이것은 태자로 하여금 가장으로서의 책임감과 더불어 사랑에 대한 집착을 일으켜 출가를 막겠다는 의도라고 볼 수 있다.

태자는 결혼 후에도 언제나 숲에 들어가 명상하기를 좋아했고, 한편으로는 출가의 기회를 엿보고 있었는데, 이윽고 아들 라아훌라가 태어났던 것이다. 태자가 숲을 거닐고 있을 때 시종이 아들이 태어났음을 알렸고, 태자는 한탄조로 "오, 라아훌라(Rāhula)!"라 외쳤으며, 이것이 왕손의 이름이 되었다고 한다.("아~장애로다!"라는 뜻으로 풀이하지만, 다른 경전에는 다른 해석을 보이기도 한다) 이것은 이미 출가를 가로막는 장애가 있는데다 또

▲ 네팔에 있는 카필라 왕국의 유적지로 건물의 기단부만 남아 있다

하나의 장애가 생겼다는 뜻이다. 즉 왕위계승자라는 장애와 부왕의 기대, 그리고 부인들의 사랑과 가장의 의무가 있었는데, 다시 아버지라는 책임이 추가된 것이었다. 태자가 여러 차례 출가의 뜻을 밝힐 때마다 가족들은 바로 이런 문제를 제기하며 출가를 반대했던 것이다.

태자의 마음은 점차 급해졌고, 그런만큼 답답함이 더해져 만사에 의욕을 잃어가는 모습을 보였다.

◀ 성불을 이루신 후
부왕의 청으로 카필라를 방문하시어
야소다라비와 라아훌라를 만나시는 모습
- 아잔타 석굴 벽화

III - 6
인생의 근본 문제와 해법
- 사문유관상(四門遊觀相)

태자가 만사에 의욕을 잃는 모습을 보이자 부왕은 바깥 세상의 아름다운 경치나 놀이를 주선하게 된다. 이제 아들도 생겼으니 출가를 포기할 것이라고 생각했던 것일까?

어쨌거나 이것을 계기로 태자는 왕궁의 네 문을 나서며 노(老)·병(病)·사(死)라는 현상과 출가사문을 만나게 된다. 흔히 싯다르타의 출가동기를 사문유관(四門遊觀)이라고 한다. 제왕이 될 모든 학문을 섭렵했고, 게다가 12세 때 이미 생의 무상함을 철저히 알았던 지혜로운 태자가 29세에 비로소 늙고 병들어 죽는다는 사실을 알고 충격을 받았다는 것은 매우 설득력이 없다.

경전에 서술된 대로라면 부왕이 그런 것을 철저히 차단했기에 천신의 도움을 받고서야 그 현상을 목격하게 되었고, 마부의 설명을 듣고서야 모든 사람이 늙고 병들어 죽는다는 사실을 알게 되었다고 볼 수 있는데, 만약 이대로 믿는다면 태자는 마부보다도 현실에 대한 파악 능력이 부족한 상태였다고 볼 수 있다. 그러므로 다른 각도에서 이 문제를 살펴야 하는 것이다.

이것을 출가 직전의 일처럼 서술하고 있는 것은 태자가 출가할 수밖에 없었던 문제가 무엇이었는가를 확실하게 보여 주려는 의도이다.

여기서 먼저 노(老)·병(病)·사(死)의 현상을 만나는 태자의 생각을 따라가 보고, 다시 출가를 결행하는 모습을 살펴보자.

① 노인을 만남

태자가 동쪽 성문을 나가 동산으로 향하던 도중에 노인을 만나게 되는데, 수레를 몰던 마부(馬夫)의 입을 통해 '늙음'이 이렇게 설명된다.

"무릇 늙었다 함은 사람이 쇠약하고 혼미함이 핍박하여 모든 기관이 점점 쇠퇴함을 스스로 깨닫지 못하고, 기력이 줄어들고 몸이 수척하여 이미 괴로운 지경에 이르렀으며, 아무것도 할 수 없기 때문에 친척에게도 구박을 받게 되나니, 의지할 곳을 잃고 겸하여 또 이 사람은 오래지 않아서 아침 아니면 저녁에는 그 목숨을 마치나이다."

이 설명을 들은 태자는 다음과 같이 생각을 다잡는다.

'만약에 나도 이 늙음을 벗어나지 못해 이런 추하고 더러운 모습을 면치 못한다면 나는 이제 동산 숲에 가서 놀고 웃을 겨를이 없다. 나도 또한 마침내 늙을 것이요, 늙는 것을 면할 수 없으니 어찌하여 게을리하고 스스로 몸과 마음을 방종할 것인가.'

② 병자를 만남

태자가 남쪽 성문을 나가 아름다운 동산으로 향해 갈 때, 길 가에서 문득 병들어 괴로워하는 사람을 만나게 되었다. 이 병 자에 대해 마부는 다음과 같이 설명한다.

"이 사람의 몸은 편안하지 못하옵고 위덕이 이미 다했으며, 매우 곤하고 힘이 없으며, 죽을 때가 이르러도 돌아가 의지할 곳이 없으며, 부모도 모두 죽고 없어 호소할 곳도 없나이다. 그러므로 이 사람은 오래지 않아 목숨이 다할 것입니다. 이 병 이라는 것은 귀천을 막론하고 모든 사람이 면할 수 없나이다."

이 설명을 들은 태자의 마음은 이렇게 정리된다.

'나도 이 병을 벗어나지도 면하지도 못하고 저와 같은 일을 당하게 되리라. 아! 두렵구나. 내가 이 병에서 벗어날 수 없다 면 동산 숲에 나가 유람하고 즐길 겨를이 없다. 나도 역시 병 이 날 것이니, 아직 나타나지 않았다고 어찌 정력을 마음대로 낭비할 것인가.'

이상의 두 가지를 통해서 이미 태자의 깊은 통찰력은 삶의 근본 문제를 정확히 파악하고 있다.

◀ **동문을 나가서 노인을 만나는 장면**
　- **해인사 대적광전 팔상탱 사문유관상 부분도**

아무리 부왕이 신경을 쓴다 해도 태자는 부왕이 점차 늙어 가는 모습을 놓칠 리 없고, 병으로 고통스러워하는 주변의 모습을 지나칠 리 없다. 어제까지 보이던 대신이 오늘 갑자기 보이지 않는다거나 갖가지 행사를 통해 만나는 백성들의 삶을 통해 태자의 사고는 이미 인생의 한계를 파악하고 있었던 것이다.

마부의 입을 통해 설명된 내용은 태자가 늙고 병든다는 이 엄연한 사실에 대해 이미 스스로 정리하고 결론을 내린 내용으로 볼 수 있다. 그리고는 자신이 어떻게 살아가야 할지를 생각하며 그 돌파구를 찾아가는 내용이 바로 자신의 독백으로 나타나고 있다.

그런데 어떻게 아직 젊은 태자가 늙고 병든다는 것에 대해 이렇게 심각하게 생각할 수 있느냐고 의심해 볼 수도 있겠다. '자신이 늙은 것도 아니고 죽을 병에 걸린 것도 아닌데 왜 이렇게 앞질러 생각하면서 괴로워했을까?'라고 의문을 제기할 수 있을 것이다. 어떤 이는 이 문제를 출가 동기로 보는 것은 지극히 개인적이고 관념적이며, 또한 현실도피적인 행위로 전락시키는 오류를 범하게 된다고도 한다. 그러면서 진짜 이유는 성 밖에서 본 노예대중의 비참한 현실성 때문에 출가한 것이라고 정의했다. 이것이야말로 이론적이고 관념적으로 접근한 것이다. 중생제도라는 차원을 현실 생활고를 개선시키는 차원으로 떨어뜨린 오류를 범한 것이다.

노예대중의 문제나 가난한 서민들의 삶을 개선시키는 방법
은 성불의 방법보다는 전륜성왕의 방법이 훨씬 더 효과적일
것이다. 사회적이고 제도적인 방법은 절대적 권력을 지닌 제
왕이 훨씬 쉽게 할 수 있기 때문이다. 그러므로 전륜성왕이라
해도 해결할 수 없는 삶의 근본 문제로 인한 고통으로부터의
해탈을 출가 동기로 봐야하는 것이다.

▼ 성의 남문을 나가서 병자를 만나는 장면
　－ 해인사 대적광전 팔상탱 사문유관상 부분도

③ 주검을 만남

태자가 서문을 나서 동산으로 향할 때 길가에 있는 주검을 보게 된다.(『불본행집경』에는 상여) 그것이 무엇이냐는 태자의 질문에 마부는 다음과 같이 설명한다.

"이 사람은 이미 세상의 목숨을 버리고 위덕이 없으며, 이제 돌이나 나무와 같고 마치 담벼락과 별로 다름이 없으며, 일체 친족과 아는 이를 버리고 오직 홀로 정신만이 스스로 저 세상을 향하며, 지금부터는 부모·형제·처자·권속들과 이별하여 다시는 볼 수 없는 까닭에 죽음이라 하나이다."

이 말을 들은 태자는 다음과 같이 생각했다.

'만약 내 이 몸도 죽음을 면하지 못한다면 어느 겨를에 저 동산 숲에 나아가 유람하며 즐겨할 것인가. 나도 마침내 죽는구나. 죽음의 법을 초월하지 못하는구나.'

④ 출가사문(出家沙門)을 만남

태자는 북쪽 성문을 나가 동산으로 향하다가 길가에 있는 출가사문을 만나게 된다. 태자의 질문에 마부는 다음과 같이 말했다.

▶ 성의 서문을 나가서 주검을 만나는 장면
- 해인사 대적광전 팔상탱 사문유관상 부분도

133

"이 사람은 항상 옳은 법을 행하고 그릇된 것을 멀리 떠나며, 평등행과 보시를 잘 하며, 모든 감각기관을 잘 조복하여 자신을 잘 다스리며, 두려움이 없는 세계를 보여주고, 중생들에게 큰 자비를 내며, 모든 중생들을 잘 보호하여 인도하나니, 이런 까닭에 출가사문이라 하나이다."

출가사문은 태자의 질문을 받고 다음과 같이 답했다.

"내가 일체 세간의 모든 것을 보니 다 무상합니다. 이런 것을 관하고 나서 일체 세간의 모든 일을 버리고, 친족을 멀리 여의고, 해탈을 구하기 위해 집을 버리고 출가하여 항상 어떻게 하면 모든 목숨을 살릴 수 있을 지를 생각합니다. 이런 까닭에 출가라 합니다."

이에 태자가 찬탄하였다.

'세간(世間)이 멸(滅)하는 법(法)인 줄을 관찰하고 다함없는 열반(涅槃)을 구하려고 하는구나. 원수나 친한 이에게 평등한 마음을 내고, 세간의 욕망을 행하지 않는구나. 숲 속에 들어 나무 아래 머물거나 혹은 무덤 사이나 맨땅에 있으면서, 일체의 인위적인 것들을 버리고 진리를 관하며 밥을 빌어 사는구나.'

이상의 두 가지는 네 가지 고통 중 '죽음'이라는 것과 고통을 벗어나는 방법인 출가를 설명한 것이다.

태자의 출가 동기는 인생의 근본 문제이다. 이것을 요약하면 '생사윤회(生死輪廻)'가 되는데, 이미 부처님의 전생 이야기에서부터 끊임없이 제기되어 온 화두(話頭)와 같은 것이라

▲ 성의 북문을 나가서 출가사문을 만나는 장면
  - 해인사 대적광전 팔상탱 사문유관상 부분도

고 보면 좋겠다.

　태자는 바로 이 문제 때문에 절대 권력의 자리를 버린 것이
다. 왕이라고 해도 절대 피할 수 없고 권력이나 재력으로도 풀
수 없는 이 문제를 해결하기 위해서 십수 년을 고민하고 노력
했으나 결코 풀 수가 없었던 것이다. 그리하여 태자가 도달한
결론은 출가였던 것이다.

　출가사문과의 만남에서 설명된 출가의 정의를 살펴보자.

　먼저 세간의 모든 것이 무상(無常)함을 관하여 그에 대한 집
착을 놓아 버리고 자신을 잘 제어하여 항복 받는다. 그리하여
모든 것으로부터 자유롭게 된 해탈에 이르고, 그런 연후에 중

생들에게 그 경지를 가르쳐 더 이상 두려움에 떨지 않게 보호하고 인도하는 것이다. 태자의 찬탄에서 표현되었듯이 다함없는 열반을 구하는 것이 목적이며, 그 목적을 위해 세상의 어떤 것에도 연연하지 않고 진리를 관하는 생활이 출가의 1차적 모습이다.

출가의 뜻이 확고해진 태자는 부왕에게 뜻을 밝히고 허락해 줄 것을 간청했다. 그러나 부왕은 세속의 도리를 열거하면서 출가를 허락할 수 없다고 하며 다음과 같은 표현까지도 했다.

"만약 네가 내 말을 어기고 출가를 결행한다면 너는 반드시 좋지 못한 결과를 초래할 것이니, 어른의 말을 어긴 것 때문이다."

그러나 태자의 뜻은 완강했다.

"대왕이시여, 이제 이 자식의 출가할 마음을 막지 못할 것입니다. 왜냐하면 마치 어떤 사람이 불타는 집에서 뛰쳐나가려 할 때, 아무도 그 사람을 막을 수 없는 것과 같습니다. 만약 사람이 세간 가운데 헤어짐(사별死別)이 있음을 깨닫고도 그로부터 벗어나지 못한다면 옳은 일이 아닙니다. 어떤 사람이 일을 하다가 죽을 때가 가까웠는데도 빨리 완성하지 못한다면 결코 지혜로운 일이 아님과 같습니다. 차라리 모든 친족과 헤어질지언정 앉아서 죽기만을 기다릴 수는 없으니, 하루라도 빨리 출가해야겠습니다."

이처럼 태자는 생사윤회를 벗어나기 위한 출가 외의 어떤 것에도 관심을 보이지 않게 되었던 것이다.

IV.
출가 수행

◀ 재불화가
  방혜자 선생의 작품

IV - 1
출가의 결행
- 유성출가상(踰城出家相)

출가의 뜻을 굳힌 태자와 그것을 막으려는 부왕과의 줄다리기가 계속되는 가운데, 태자는 부왕에게 노(老)·병(病)·사(死)를 벗어나는 방법을 가르쳐 준다면 출가하지 않겠노라는 불가능한 조건을 제시하게 된다. 이에 대해 부왕은 '우타이'라는 설득력이 뛰어난 바라문 청년을 태자 곁에 머물게 하여 태자의 결심을 바꾸려 하였다.

라아훌라가 태어나는 날도 태자는 우타이와 성 밖 동산에 있었는데, 아들이 태어났다는 말을 듣고 또 하나의 장애가 생겼다고 생각하여 "오, 라아훌라!"라고 외쳤다고 한다. 이 소식을 들은 부왕은 손자의 이름을 '라아훌라'로 정했다는 기록이 있다.

태자는 동산으로부터 성으로 돌아오는 길에, 성의 누각에서 지켜보던 '키사고타미'라는 크샤트리아 출신의 여인이 다음과 같이 노래하는 것을 듣게 된다.

◀ 깊은 밤중에 말을 타고 성을 넘어 출가하는 태자
- 해인사 팔상탱 유성출가상

"저분의 어머니는 얼마나 행복하실까? 저분의 아버지는 얼마나 행복하실까? 저와 같은 분을 남편으로 삼은 저분의 아내는 또 얼마나 행복하실까?"

태자는 이 노래를 듣는 순간 인간의 진정한 행복에 대해 다시 생각하고, 출가를 결행해야겠다고 마음을 다잡았다.

'탐욕(貪欲)의 불이 꺼졌을 때 적정(寂靜)이라 하며, 성냄의 불과 어리석음의 불이 꺼졌을 때를 적정이라 한다. 또한 거만한 마음이나 삿된 생각 등의 갖은 번뇌의 괴로움이 꺼졌을 때 적정이라 말하는 것이다. 이 여인은 내게 좋은 것을 들려주었다. 나는 열반을 구하여야 한다. 바로 오늘 나는 세속의 생활을 버리고 집을 떠나 출가하여 열반을 구하여야 한다.'

이런 태자의 결심을 알 리 없는 부왕은 손자의 출생을 축하하여 태자궁에서 밤 축제를 베풀게 된다. 태자는 이미 뜻을 정했으므로 전혀 즐거워하지 않고 잠들어 버렸다.

그러자 축제에서 춤추던 여인이나 노래하던 여인들은 "우리는 저분을 위해 춤과 노래를 하는데, 저분이 잠들어 버렸으니 우리가 헛고생을 할 것이 없다."고 생각하여 모두 잠이 들어버렸다. 그때 태자가 깨어나 고요히 앉아 주위를 살펴보았다.

그 화려하고 아름답게 보였던 여인들은 민망한 모습으로 잠들어 있었다. 태자는 지금이야말로 출가할 때라고 생각하여 마부이자 시종인 '찬다카(찬나)'를 불러 말을 준비하게 하였다. 태자는 아내의 방에 들어가 야쇼다라와 라아훌라의 잠든 모습을

IV · 출가 수행

140

마지막으로 보았다. 문득 라아훌라를 안아보고 싶었으나 야쇼다라가 깨면 모든 것이 무산될 것이라 생각하여 그만두었다.

'만약 내가 아내의 손을 치우고 아들을 안게 된다면 아내는 눈을 뜰 것임에 틀림없다. 그렇게 되면 내 앞길에 삿된 마가 낄 것이다. 내가 부처가 된 후 돌아와 만나기로 해야겠구나.'

태자는 말에 올라 성문으로 향하였다.

▼ 깊은 밤에 말을 타고 성을 넘어 출가하시다
- 키질 제 110굴 벽화

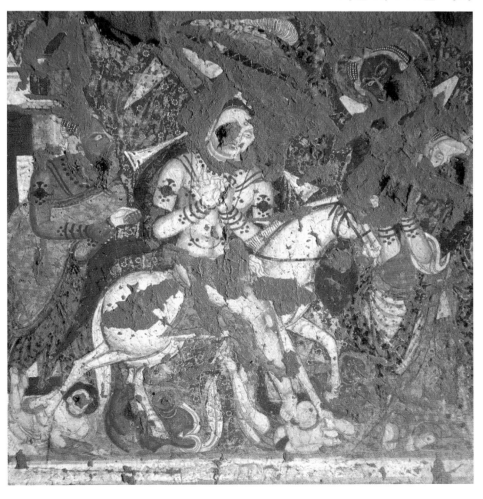

141

그때 마침 마왕이 나타나 이렇게 말했다.

"태자시여! 나가서는 아니 되오. 그대에게는 지금부터 7일째 되는 날에 윤보(輪寶-왕권)가 나타날 것이오. 그리되면 그대는 4대륙의 왕이 될 것이오. 돌아가시오."

그러자 태자는 단호히 거절했다.

"마왕이여! 내가 지금 떠나지 않는다면 내게 윤보(輪寶)가 나타나리라는 것을 알고 있다. 그러나 나는 왕위 같은 것으로 만족하고 싶지 않다. 나는 1만 큰 세계를 울리는 부처가 될 것이다."

마왕은 계속해서 태자가 탐욕의 마음, 성내는 마음, 해치려는 마음 등을 일으키게 하려고 노력했으나, 태자는 그 유혹에 넘어가지 않고 당당히 성을 나섰다.

이상의 출가 장면을 살펴보면 몇 가지 상황이 설정되어 있다.

첫째, 태자는 왕궁의 환락이나 남들이 부러워하는 자신의 겉모습에 만족하지 않고 그 이면의 문제를 정확히 파악하고 있었으며, 그 한계점을 깊이 인식하고 있었다는 점이다.

둘째, 가족에 대한 인간적인 연민의 정을 항상 간직하고 있었다. 그러므로 떠나기 전 잠든 아내의 모습을 보고 아들을 안아보고 싶은 충동을 억누르는 모습이 그려져 있는 것이다.

셋째, 태자로서 종족에 대한 의무감을 깊이 생각해 왔다는 점이다. 마지막 성을 나서기 직전 나타난 마왕은 바로 왕위를 물려받아 나라를 부강케 하고, 종족의 미래를 보장해야 한다는 의무감의 표현이라고 할 수 있다.

그러나 이 모든 것들은 '생사윤회'로부터의 해탈이라는 큰 목적을 이루기 위해서는 넘어서야 할 것들이었다.

흔히 '출가정신'이라는 표현을 한다. 출가정신의 필수적인 것이 생사윤회로부터 해탈해야겠다는 원력이다. 이것을 포기해버린다거나 아니면 처음부터 이 목적이 없는 경우라면 올바른 출가생활을 기대하기가 어렵다. 세속적인 잣대로 출가정신을 설명하려 해서는 안 된다. 정치적인 개선, 사회 제도의 개선, 복지 사업의 확장 등은 세속에서도 얼마든지 가능한 것이다. 만일 이와 같은 목적으로 출가한 사람이라면 철저한 자기 수행을 등한시할 뿐만 아니라, '중생제도'의 문제까지도 세간의 잣대로 해석해버리게 되는 것이다.

영가 현각선사(永嘉玄覺禪師)는 증도가(證道歌)에서 다음과 같이 이야기하고 있다.

> 몇 번을 태어나고 몇 번이나 죽었던가,
> 생사가 아득하여 그침이 없도다.
> 단박에 깨쳐 생사 없음 깨달은 뒤라면
> 어찌 영예에 기뻐하고 치욕에 근심하랴.

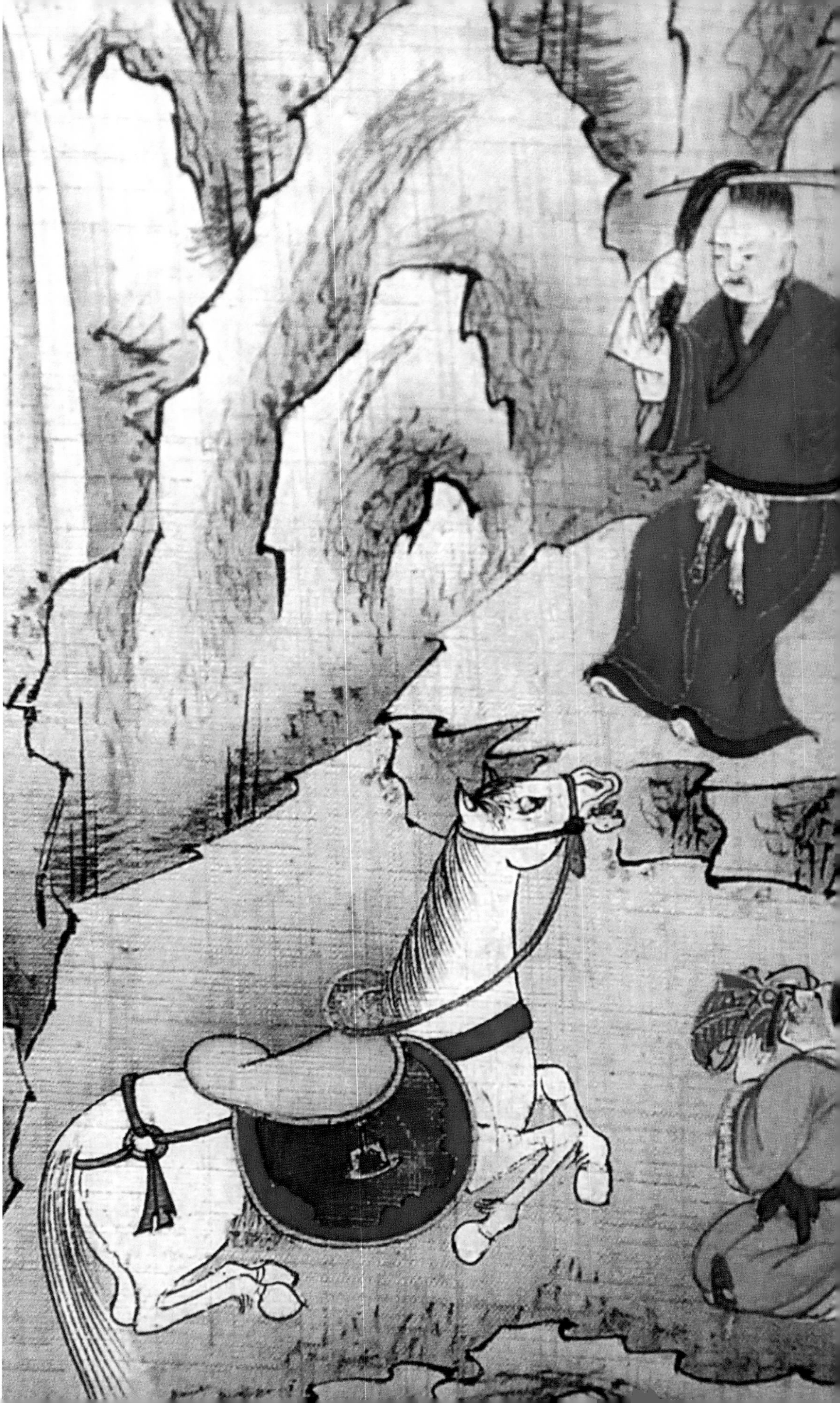

IV - 2
성을 나와 수행자의 길로

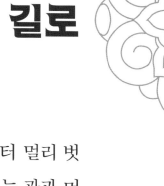

태자는 한밤중에 성을 나와 밤새워 성으로부터 멀리 벗어났다. 이윽고 '아노마'강가에 멈추게 된다. 그리고는 관과 머리를 묶었던 보배구슬을 풀어 찬다카에게 주면서, 돌아가 부왕께 다음과 같이 말씀 올리게 했다.

"부왕이시여! 제가 이제 출가한 것은 어떤 사람의 속임을 받거나 노여움과 원한으로 인한 것도 아니며, 또한 재물과 권력과 봉록이 적어 이를 구하고자함도 아니며, 천상에 나기 위하여 부왕의 슬하를 떠나는 것도 아니옵니다. 저는 세속적인 욕망이 없사오며 오직 일체중생들이 어둡고 미혹하여 삿된 길에서 헤매고 괴로워하는 것을 보고, 광명이 되어 고통을 구제하고자 함이오며, 세간에 이익이 되는 법을 찾고자 출가합니다. 이렇게 즐겨 출가함을 아시고 부디 근심을 거두소서. 그러므로 저는 반드시 무상정등각을 증득하여 부왕을 뵙겠습니다."

◀ 성을 멀리 떠나자 스스로 머리카락을 자르는 태자
- 해인사 팔상탱 설산수도상 부분도

그리고 다시 몸에 있던 영락과 보배장식을 벗어 찬다카에게 건네며 마하아쁘라자아빠띠이와 야쇼다라에게 위로의 말과 함께 전하라고 부탁했다.

태자는 차고 있던 보검으로 머리카락과 수염을 자른 뒤 마침 숲에서 만난 사냥꾼(정거천신의 변신)의 누더기와 태자의 옷을 바꾸어 입었다. 그리고는 "나는 이제 비로소 진정한 출가를 하였다."고 말하였다.

그 모습을 지켜본 찬다카는 마지막으로 간청하였다.

"태자시여! 어찌 태자님을 떠나 궁으로 돌아가겠나이까? 그럴 수 없습니다. 태자께서 이미 늙으신 부왕을 배반하고 출가하심은 합당치 않으며, 낳아 주신 부모에게 효성으로 공양하는 것보다 더 낫고 뛰어난 묘법은 있을 수 없습니다. 또한 마하아쁘라자아빠띠이 왕비를 떠나는 것은 양육의 은혜를 저버리는 것이 되오며, 태자비께서도 정결한 여인으로서 모든 덕이 구족하오니 역시 버리거나 떠남이 합당치 않습니다. 그뿐만 아니라 태자께서 이미 모두에게 대자비를 행하고 항상 부드러운 말로 백성을 달래고 위로하였는데, 이제 모든 친족을 버리심은 옳은 일이 아닙니다. 이런 까닭에 태자께서는 집으로 돌아가 즐거운 생활을 계속하소서."

이에 대한 태자의 답변은 단호했다.

"내 이제 참으로 부왕과 권속의 은혜가 깊음을 알고 있으며, 그 은혜를 저버리는 것이 아니다. 보다 큰 은혜를 갚고자 하느니

라. 세상의 많은 부모들이 자식을 낳아 재물을 구하여 양육하고 자식도 재물로써 은혜를 갚되, 부모에게 법의 재물을 베풀어 은혜를 갚은 자식이 없노라. 내 법의 재물로써 은혜를 갚으리라."

태자는 밤에 출가하였다. 출가란 모든 것으로부터의 벗어남이다. 출가(出家)에서 가(家)는 현재 머물고 있는 모든 것의 중심이 되는 집이나 성이다. 집을 중심으로 혈연관계나 지연관계가 이루어질 뿐만 아니라 사회생활 전반이 집에서부터 시작되는 것이다. 태자의 입장에서 보면 카필라성이 미래이며 인생의 중심이었던 것이다. 이미 정해져 있는 이 틀을 깨는 것이 바로 출가이다. 또한 밤으로 표현된 어둠의 세계, 즉 무명(無明-번뇌)의 세계에서 벗어나는 것이 진정한 출가이다. 몸은 비록 집을 떠나 산속에 있으나 그 마음속에 망상이 가득하다면 진정한 출가라 할 수 없는 것이다. 관념의 세계까지도 철저히 넘어서야 하는 것이 출가이다. 그렇기 때문에 세상의 틀을 뜻하는 집을 떠나, 세상의 가치관을 뜻하는 옷을 벗어버리고 가사(袈裟-천 조각을 모아 이은 것)를 걸치며, 자신의 관념을 상징하는 머리카락마저도 잘라버리는 것이다.

태자의 입을 통해 표현된 말을 음미해 보자.

"나는 이제 비로소 진정한 출가를 했다."

태자는 이미 그 정신세계가 출가한 상태였다. 그러나 갖가지 상황에 얽매여 세간의 일들을 해 왔다. 바로 이것마저도 벗어던졌기 때문에 진정한 출가라고 표현하였던 것이다.

흔히 출가를 세 가지로 표현하기도 한다.

신출가(身出家) 심출가(心出家)

- 몸도 마음도 출가함.

신불출가(身不出家) 심출가(心出家)

- 몸은 세속에 머물고 있으나 마음은 출가함.

신출가(身出家) 심불출가(心不出家)

- 몸은 출가했으나 마음은 세속적임.

태자와 찬다카의 마지막 대화에서 보이는 은혜와 효도 등에 관한 것도 정리할 필요가 있다. 출가한 이가 도를 깨닫지 못하면 네 가지 은혜를 저버리는 결과가 된다.

첫째, 부처님과 스승의 은혜를 저버리는 것.

둘째, 부모님의 은혜를 저버리는 것.

셋째, 사랑하는 사람의 마음을 아프게 한 것.

넷째, 시주(施主), 즉 신도들의 은혜를 저버린 것.

이처럼 막중한 빚을 지게 되는 것이니 어찌 인과가 무섭지 않겠는가!

▶ **사천왕이 말의 네 발을 받쳐 성을 넘게 하는 장면**
 - 통도사 영산전 팔상탱 유성출가상 부분도

太子逾城帝釋執蓋
四大天王捧馬四足

IV - 3
스승을 찾아서

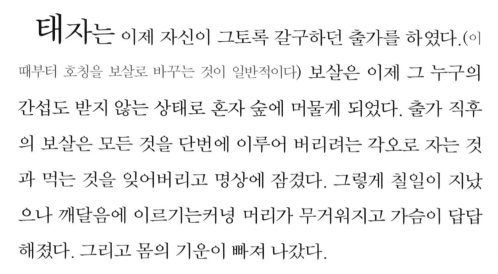

태자는 이제 자신이 그토록 갈구하던 출가를 하였다.(이 때부터 호칭을 보살로 바꾸는 것이 일반적이다) 보살은 이제 그 누구의 간섭도 받지 않는 상태로 혼자 숲에 머물게 되었다. 출가 직후의 보살은 모든 것을 단번에 이루어 버리려는 각오로 자는 것과 먹는 것을 잊어버리고 명상에 잠겼다. 그렇게 칠일이 지났으나 깨달음에 이르기는커녕 머리가 무거워지고 가슴이 답답해졌다. 그리고 몸의 기운이 빠져 나갔다.

출가한 이들이 대부분 처음에 이처럼 서두르게 된다. 금방 무언가 될 것 같은 기대감과 빨리 깨달음을 얻겠다는 마음에서 서두르게 되는 것이다. 그러나 서둔다고 금방 되는 일이 아니기에 얼마 못가서 포기해 버리는 경우도 많이 생긴다.

보살에게도 유혹이 찾아왔다. 문득 마왕이 나타나 속삭였다.

"태자여, 어서 궁중으로 돌아가는 것이 좋을 것이요. 가서 때를 기다리면 이 세상 모든 것이 그대의 것이 될 것이요."

◀ 태자의 출가 사실을 안 야쇼다라비가 슬피 우는 장면
- 통도사 영산전 팔상탱 유성출가상 부분도

그러나 보살은 이 유혹을 물리치고 걸식에 나섰다. 여러 집을 거친 뒤 한 그릇의 밥을 얻어 숲 속에 돌아가 공양을 하기 시작했다. 그러나 이때까지 부드럽고 향기로운 최고급 음식만을 먹었던 보살의 몸은 거칠고 뒤섞인 음식에 거부 반응을 나타냈다. 또 한 번 왕궁으로 돌아가고픈 유혹이 일어났으나 자신의 큰 원을 되새기며 유혹을 물리친다.

생사윤회를 벗어나 깨달음에 이르고 일체중생들을 제도하겠다는 원력이 없다면 출가 생활은 고통스럽다. 그러나 원력이 충만하다면 능히 이겨낼 수 있을뿐더러 곧 편안하게 되는 것이다. 실제로 스님들 중에는 두 끼 혹은 한 끼의 적은 공양을 하면서도 수행과 포교 등을 원만히 하는 이들이 많다.

보살은 이제 스승을 찾아 가르침을 받아야겠다고 생각을 바꾸게 되는데, 처음으로 만난 이가 '바가바'였다. 바가바가 지도하는 무리는 지독한 고행을 하는 집단이었다. 보살은 이러한 고행에 대해 찬탄을 하면서 그 목적을 묻게 된다. 그러자 바가바는 이렇게 답했다.

"이런 고행을 거친 후 즐거움이 가득한 천상에 태어나거나 보다 훌륭한 가문에 태어나기 위해 고행합니다."

이들의 고행은 후세의 쾌락을 얻기 위한 고행이었던 것이다. 이에 보살은 그 잘못을 이렇게 지적했다.

▲ 이른 새벽 갠지스 강변에 모여 있는 힌두 수행자들

"여러 천상 세계가 비록 즐겁기는 하나 복이 다하면 다시 아래의 세계로 떨어져 윤회할 것이요. 훌륭한 집안에 태어난다 해도 생사를 벗어나는 것이 아닌데, 어찌 힘들게 고행하여 스스로 생사의 과보를 바라는 것이오?"

바가바가 고행의 결과로 얻어질 쾌락에 대해 여러 가지 설명을 했지만, 이미 왕궁에서 갖가지 쾌락을 맛보고 그 허망함을 익히 알고 있던 태자는 그 부질없음을 설명한 후 떠났다.

보살은 수소문 끝에 명상 대가인 아알라라 까알라아마와 웃다까 라아마뿟따를 찾아 마가다국으로 향했다. 도중에 카필라성의 국사(國師)와 대신들이 와서 환궁하기를 권했으나 물리치고 라자그리하(왕사성)로 들어가 탁발을 했다. 보살의 탁발 소식은 삽시간에 왕사성 안에 퍼져서 빔비사라왕이 알게 되었고, 왕은 친히 나와 보살을 만나서 마가다국에 남아 자신과 함께 마가다를 통치하자고 권했다.

"어지신 사문이여! 내 이제 당신을 보니 한창 나이로, 당신의 두 손은 세간을 다스리고 가르칠 것이며 환락을 즐기기에 어울릴지언정 발우를 들고 밥을 빌어먹기에는 적당치 않습니다. 지금 무슨 연유로 왕궁을 떠나 사문의 모습을 하고 있습니까?

당신께서 부왕을 생각하여 부담을 덜어주고자 출가했다면 나는 당신에게 쾌락을 누리게 하여 주고, 만약 나를 돕는다면 내 마땅히 당신에게 나라의 반을 주어 다스리게 하겠으니, 이 나라에 있으면서 저와 함께 하십시오. "

보살은 담담하게 왕의 권유를 거절했다.

"나는 이제 전륜왕의 자리도 버렸거늘 새삼 무슨 일로 왕의 나라를 받겠습니까? 다섯 가지 욕망은 타오르는 불더미와 같아서 모든 중생들을 불사르고 고통 속에 몰아넣게 하거늘, 어

▲ 부처님 당시 귀족들의 화려한 삶을 보여 주는
아잔타 석굴 사원의 벽화

찌하여 내게 쾌락을 권하십니까? 내 이제 나라의 왕위를 버리
고 부모를 떠나 사문이 된 까닭은 모든 중생의 늙고 병들어 죽
어가는 고통을 구제하기 위해서일 뿐 쾌락을 구하기 위한 것
이 결코 아닙니다.

　내 이제 여기에 온 까닭은 두 선인이 있어 해탈을 구하는 으
뜸가는 길잡이라 하기에, 그들을 찾아 해탈의 도를 구하기 위
해 왔을 뿐 여기에 오래 머물지는 않을 것입니다."

빔비사라왕은 보살의 뜻을 꺾을 수 없음을 알았을 뿐만 아니라 더욱 신뢰하게 되었던 것 같다.

"사문 고타마시여! 그대는 반드시 무상정등각을 증득하여 성불할 것입니다. 원컨대 당신이 도를 이루시면 제게 먼저 가르침을 주소서. 당신의 제자가 되겠나이다."

이제 출가한 보살의 앞에 여러 가지 유혹이 끊이지 않음을 본다. 사실 수행이 깊어질수록 장애의 요인도 커진다고 했고, 실제로 그 때문에 중도에 포기하는 이들이 많다.

IV - 4
두 선인과의 만남(1)

빔비사라왕과 헤어진 보살은 이제 명성이 자자한 두 사람의 스승을 찾아간다.

부처님 당시 인도에는 수많은 사상가나 사문계파가 있었던 것으로 기록되어 있다. 대표적으로 경전에 자주 등장하는 육사외도(六師外道-아지타 케사캄발린, 푸라나 캇사파, 막칼리 고살라, 파쿠다 캇차냐나, 산자야 벨라티풋타, 니간타 나타풋타)와 '예순 두 가지의 견해(파派)'라는 뜻의 육십이견(六十二見) 등이 불경에 보이는데, 자이나교의 전적(典籍)에는 '360여 종의 이설(異說)'을 언급하고 있다고 한다. 이처럼 다양하고 복잡한 계파를 형성하고 있었지만, 수행 방법적인 측면에서는 고행주의(苦行主義)와 수정주의(修定主義)로 나눌 수 있다.

고행주의(苦行主義)는 이미 보살이 만났던 바가바와 같은 이들이 주력하던 것으로, 그 목적이 천상에 태어나는 것이나 보다 큰 복덕을 갖춘 인간으로 태어나는 것이다. 보살은 그 목적이 잘못된 것이라고 지적했었다.

◀ **오체 투지로 길을 찾아가는 수행자 - 중국 남화선사에서**

▲ 네팔 카트만두 하누만도카에 선정에 들어 있는 힌두 수행자

수정주의(修定主義)는 선정주의(禪定主義)라고도 하는 것으로 요가(Yoga)행을 닦는 방법이다. 요가 수행의 역사는 먼 과거로 올라가는 것이지만, 오늘날 인도사상을 정리할 때의 요가는 부처님 당시로부터도 수 세기가 흐른 뒤에 불교적 영향까지 수용된 내용이라고 봐야 할 것이다. 그 특징에 따라 분류한 이름으로 박티 요가·즈냐나 요가·라아자 요가·까르마 요가·딴뜨라 요가·하타 요가·꾼달리니 요가·만뜨라 요가 등이 있다.

보살은 당시 요가 수행자로서 가장 위대한 인물인 알라아라 까알라아마(Alāra Kālāma)와 웃다까 라아마뿟따(Uddaka Rāmaputta)를 만났다. 보살은 먼저 알라아라 까알라아마를 바이살리(비사리毘舍離-뒷날 제1차 결집이 있었던 곳) 근교에서 만나게 되는데 서로가 익히 소문을 듣고 있었던 것으로 서술되어 있다. 서로 반갑게 인사한 후 알라아라 까알라아마가 보살을 찬탄하는 대목이 나온다.

"어지신 고타마시여! 세간 부귀의 과보 공능(功能)을 가졌다가 버리고 삭발 입산함은 참으로 하기 어려운 일입니다. 지난 옛날 모든 왕들은 비록 왕위의 과보가 구족하고 오욕락(五欲樂-재財·색色[性]·명예名譽·수면睡眠·음식飮食)을 받다가도 나이 늙어서야 세자에게 왕위를 부촉하고, 겨우 궁을 나와 숲에 이르러 도를 구하여 행했는데, 그것도 쉬운 일이 아닙니다. 당신은 나이 젊은데도 오욕락을 즐기지 않고 부귀를 버리고 능히 마음을 결정하여 도를 구합니다. 이것이야말로 참으로 어렵고 귀한 일입니다."

보살은 길게 이어지는 알라아라 까알라아마의 찬탄에 대해 감사를 드린 후 생사를 해탈하는 방법에 대해 질문을 하게 되는데, 대화는 아주 길게 이어지고 있다. 대부분의 경전 기록이 그렇듯이 이 대화도 직접 수행을 해가면서 나눈 이야기를 정리한 것으로 보면 좋겠다. 알라아라 까알라아마의 답을 요약하면 다음과 같다.

"고타마시여! 무릇 모든 주관과 객관을 제거하고자 하면 이렇게 생각하소서. 이 모든 주관과 객관의 세계는 분별해 알고는 다 버릴 것이며, 그 세계 안에 사랑과 물듦이 있나니 그 사랑과 물듦이 곧 애착입니다. 이 애착 때문에 중생들은 세간에 침몰해 나오지 못합니다. 모든 사람들이 사랑을 탐하고 얽매이는 괴로움을 받는 것은 일체가 다 경계로 말미암아 얻어지기 때문입니다. 어지신 고타마시여! 무릇 수행하고자 하면 일체를 버리고 출가하여 밥을 빌어 살며, 한가롭고 고요한 곳에 홀로 거닐고 홀로 앉습니다. 탐냄·성냄·어리석음의 허물을 보고 멀리 떠나 모든 감각기관을 조복하여 선정에 드나이다. 이리하여 초선(初禪)·이선(二禪)·삼선(三禪)·사선(四禪)에 이르며, 더 뛰어난 결과를 얻고자 하는 사람은 사선(四禪)의 과보로 얻어지는 지혜에도 만족치 않고, 삼매에서 일어나 그 몸의 빛에 여러 가지 허물과 근심이 있는 것을 보고 색신(色身)을 버리고 더 훌륭한 지혜를 구하고자 하는 마음을 내나니, 그 사람이 모든 선(禪)을 버리고 나아가 그 몸 가운데 모든 허공이 가없는 분별을 얻고, 이 일체색상(一切色相)이나 또는 색상(色相) 안의 모든 물건에서 다 가없는 허공이라 분별하나니, 이렇게 일체 색처(色處)에서 가없는 허공을 얻고 나서는 곧 뛰어난 곳을 증득하나이다."

참고로 초선에서 점차 경지기 오르는 것은 심리적으로 단순하게 정리되는 것을 뜻한다. 간단하게 설명하면 초선에서는 자세히 살피는 능력·기쁨·즐거움·고요함의 심리가 강하고 점차 밝고 맑음의 상태로 가다가 무소유처정 정도면 물질적인 집착에서 놓여나는 단계가 되는 것이다.

　이상에서 알라아라 까알라아마가 설명하고 있는 것은 곧 무소유처정(無所有處定)이라고 하는 것이다. 무소유(無所有)란 자신의 몸과 일체의 감각기관은 말할 것도 없고 밖의 모든 것들도 모두가 허공 같은 것이며, 또한 사유하는 그것마저도 허공 같은 경지를 뜻하는 것이다. 다시 말해 어떤 물질적인 존재에 대해 허공처럼 집착이 사라진 선정의 상태를 말한다. 그런데 이 자유의 경지를 즐기려면 항상 고요한 곳에서 선정에 들어 있어야 한다. 왜냐하면 수정주의는 선정 그 자체의 고요함을 즐기는 것이기 때문이다. 이 무소유처정의 경지를 터득한 보살은 다음과 같이 알라아라 까알라아마에게 말했다.

　"나는 존자를 따라 이 법을 듣고 믿어 알고 행하여 증득하였으니, 만약 지혜 있는 이가 알고 행하는 경계를 가진다 하더라도 또한 이런 법을 버리지 아니하리다. 다만 내가 본 바로는 이 법이 비록 훌륭하나 철저한 경지는 아닙니다. 존자가 비록 '나는 청정한 해탈을 얻었노라'고 말하지만, 만약 분별하여 관하면 이것은 인연법입니다. 인연을 만나면 다시 일어나므로 참된 해탈이 아닙니다. 이 법은 능히 사람을 열반에 이르게 하지 못하며, 스스로 깨치고 남을 깨치게 하여 사문행(沙門行)을 지을 수 없으며, 모든 악의 번뇌를 멸할 수 없습니다."

그리고는 자신과 더불어 제자들을 이끌자는 알라아라 까알
라아마의 제의를 거절하고 떠난다.

IV - 5
두 선인과의 만남(2)

보살은 다시 라자그리하(왕사성) 근교의 숲에 머물고 있던 웃다까 라아마뿟따(Uddaka Rāmaputta)를 찾아 갔다.

보살은 웃다까에게 청했다.

"어지신 웃다까시여! 나는 당신 곁에서 가르침을 받고 수행하고자 합니다."

웃다까가 보살에게 말했다.

"대덕 고타마시여! 내가 당신을 보니 이미 지혜로운 분입니다. 나의 법을 받아 능히 수행할 수 있겠습니다. 만약 법을 받아 수행한다면 내 법의 청정한 법과를 따라 행의 과보를 얻을 것입니다."

"어지신 웃다까시여! 당신이 행하는 법은 어떤 경계에 이르렀는지, 그로써 내가 해탈할 수 있겠습니까?"

"대덕 고타마시여! 무릇 표상(상想)과 표상 아님(비상非想)을 취한다면 이것은 큰 근심이요, 큰 종기며 크게 어리석고 큰 어둠이니, 만약 세밀하게 생각하면 곧 저 미세한 본질(체體)을

◀ 요가 수행을 하는 시바신

받으며, 이런 차례로 알게 되면 이것을 적정하고 미묘하며 가장 뛰어나고 가장 위인 해탈이라 하나이다. 그 해탈의 결과로 비상비비상처(非想非非想處)에 이르오니, 나는 이 가장 뛰어나고 묘한 법을 행하나이다. 이 비상비비상처(非想非非想處)에는 과거 세상도 이보다 뛰어난 적정(寂靜)이 없으며, 현재에도 없고 오는 세상에도 또한 없으며, 이 행은 가장 뛰어나고 가장 묘하며 가장 위이므로 나는 이 행을 행하나이다."

보살은 이 법을 듣고 행하여 오래지 않아 증득하였다. 보살은 웃다까에게 이렇게 말했다.

"어진이여! 이 법은 마침내 모든 욕망을 해탈하여 번뇌를 멸하고, 적정한 마음으로 모든 번뇌가 일어남을 다하며, 모든 신통으로 사문의 행을 이루어 큰 열반에 이른 것이 아닙니다. 이 법은 다시 생사(生死)에 들어가는 것입니다. 비상비비상처(非想非非想處)에 이르러도 과보가 다하면 다시 번뇌에 들어가는 것입니다. 이 법은 철저한 해탈이 아니니, 머물 것이 아닙니다."

웃다까 라아마뿟따도 보살에게 지도자로 남아주길 청했으나 보살은 자신이 목표로 했던 해탈열반(解脫涅槃)이 아니었기에 미련 없이 그곳을 떠났다.

이상의 무소유처정(無所有處定)과 비상비비상처정(非想非非想處定)은 당시 요가 수행자들이 도달한 최고의 경지였다.

▲ 요가 수행 - 인도 함피(Hampi)에 있는
　　힌두 사원 기둥의 부조

　　무소유처정은 간단하게 말하면 물질에 대한 집착으로부터 벗어나는 선정이며, 비상비비상처정은 생각이 없는 것은 아니나 생각에 끌려가지 않는 단계의 선정이다. 그런데 왜 보살은 두 가지 다 진정한 해탈열반은 아니라고 하는가?

　　어떤 이들은 수행자 자신은 비록 세상의 고통에서 벗어났으나 세상의 고통 원인과 그 해결 방안이 아니기 때문이며 두 가지는 지극히 개인적이고 심리적인 희열만을 추구하기 때문이라고 설명하기도 한다. 그러나 이런 해석은 두 가지 선정을 잘못 알고 있는 것이다. 이는 수행자 자신도 고통으로부터 벗어난 단계가 아니다.

위의 선정은 마치 더러운 물건을 깨끗한 천으로 덮어놓는 것과 같은 것이며, 흐린 물을 고요히 두어 찌꺼기가 가라앉아 있는 것과 같은 것이다. 이는 더러움과 흐림이 사라진 것이 아니다. 깨끗한 천을 걷어버리면 다시 더러움이 나타나고, 정지된 물을 흔들면 다시 흐려진다. 그러므로 이는 철저한 해탈의 경지가 아닌 것이다.

오늘날 요가의 선정(禪定)과 부처님의 대각(大覺)을 동일선상에서 해석하는 경우가 있고, 또 인도 수정주의(修定主義)에서의 선정의 경지와 현재 우리의 참선(參禪) 수행에서의 깨침을 동일하게 보는 경우가 있다. 다시 말해 부처님께서 깨달으신 경지나 또는 선적(禪的)인 대오(大悟)가 마치 명상에서의 맑음과 같은 것이라고 보는 경우가 많은데, 아주 잘못 본 것이다. 부처님의 경우는 이미 두 명상 대가의 경지는 말할 것도 없고, 일체의 육체적 고통도 초월해 버리는 육년의 고행에서의 삼매를 통해서도 이미 증명된 것처럼 그것은 해탈도 열반도 아닌 것이었다.

명상 수련과 참선 수행은 과정에서 비슷한 수행 방법이 있고 또 비슷한 경지를 거치기도 하는 것이지만 참선을 명상과 동일시하는 것이나 대각(大覺)이나 대오(大悟)를 명상의 최고 경지처럼 생각하는 것은, 그 경지를 모르기에 착각하는 것이다. '고요히 맑힌다는 것'과 '깨어 버린다는 것'은 본질적으로 다른 것이기 때문이다.

결정적인 차이는 수정주의(修定主義)에서는 선정(禪定)이 주는 평화로움에 목적이 있다면, 불교의 참선(參禪) 수행 등은 선정에 목적이 있는 것이 아니라 수단일 뿐이라는 것이다. 즉, 참선 수행을 비롯한 불교의 수행은 선정의 맑음을 통해 보다 효율적으로 미망(迷妄)을 깨는 힘으로 활용하고 있는 것이다. 수정주의는 인위적으로 선정의 상태를 유지함으로써 평화로울 수 있다면, 불교의 수행은 선정 등의 공능(功能)으로 근본무명(根本無明)을 타파한 후 본래의 밝고 맑음을 회복하여 언제나 평화로운 일행삼매(一行三昧)를 실현하는 것이다. 극단적인 비유를 들자면 불교는 본래의 청정한 세계 속에서 언제나 아무 때라도 편하게 숨 쉬자는 것이라면, 명상에 의지하는 것은 심하게 오염된 곳에서 인위적인 정화 장치를 하여 그 속에서나마 편하게 숨 쉬자는 것이다.

불교에서 흔히 사용하는 말에 삼계화택(三界火宅)이 있다. 삼계는 불타는 집처럼 고통스럽다는 뜻으로 사용하는 말인데, 삼계란 욕망의 세계(욕계欲界)·물질의 세계(색계色界)·정신적 세계(무색계無色界)로 아직 윤회하는 중생의 세계이다. 그런데 비상비비상처정은 아직 무색계의 경지일 뿐인 것이다.

다시 말해서 중생계에서 근심을 잊는 아주 좋은 방법이나 그 힘이 약해지면 곧바로 불편해지는 것에 불과한 것이다. 이 같은 오류는 요가에서 사용하던 용어를 불교에서도 사용하였기 때문이기도 하고, 한편으로는 불교적인 것과 요가적인 것의 차이를 모르기 때문이기도 하다.

　용어가 같다고 그 경지가 같은 것은 아니다. 한 예로 '마음을 비웠다'고 할 때의 마음과 '한 물건도 없는 자리인 마음'이라고 할 때의 마음은 다른 것이다.

▼ 인도 델리 비르라 만디르(Birla Mandir)에 있는 요가 수행자 상

IV - 6
다시 고행의 길로

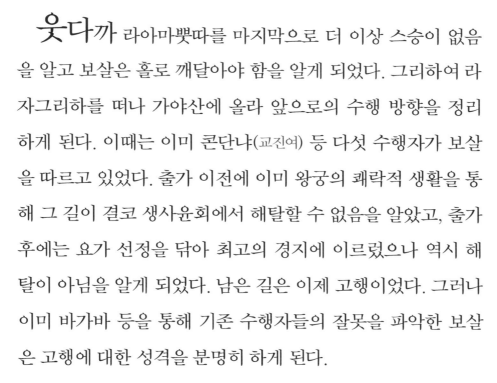

웃다까 라아마뿟따를 마지막으로 더 이상 스승이 없음을 알고 보살은 홀로 깨달아야 함을 알게 되었다. 그리하여 라자그리하를 떠나 가야산에 올라 앞으로의 수행 방향을 정리하게 된다. 이때는 이미 콘단냐(교진여) 등 다섯 수행자가 보살을 따르고 있었다. 출가 이전에 이미 왕궁의 쾌락적 생활을 통해 그 길이 결코 생사윤회에서 해탈할 수 없음을 알았고, 출가 후에는 요가 선정을 닦아 최고의 경지에 이르렀으나 역시 해탈이 아님을 알게 되었다. 남은 길은 이제 고행이었다. 그러나 이미 바가바 등을 통해 기존 수행자들의 잘못을 파악한 보살은 고행에 대한 성격을 분명히 하게 된다.

『불본행집경(佛本行集經)』에서 이 부분을 상세히 서술하고 있는데, 요약해 보면 다음과 같다.

만약 어떤 사문(沙門-수행자)이나 바라문(婆羅門, Brahman)이 마음과 뜻에 욕망의 사랑·번뇌·불탐·집착이 멸해 다하지 못하고 아상(我相-자기중심적 관념)이 있으면서 스스로 한 몸을 건지려 한다면, 그들은 항상 고뇌를 받으며 기쁨이 없고 두려움 없는 법을 증득하지 못한다. 마치 젖은 나무와 젖은 똥을 물 위에 놓고 막대기를 비벼도 불을 얻지 못하는 것 같이. 만약 사문과 바라문이 몸으로는 금욕의 행을 행하나 마음에 욕락에 대한 애착이 다하지 못하고, 바른 선정을 얻지 못한 채 아상이 있으면서 스스로 제 몸을 건지려 한다면, 고뇌만 있고, 훌륭한 깨달음이나 두려움 없는 경지를 증득하지 못한다. 마치 젖은 나무를 땅 위에 놓고 비벼 불을 얻을 수 없듯이.

만약 어떤 사문과 바라문이 몸과 마음에 모든 것을 절제하고, 욕락에도 집착하지 않으며, 부지런히 정진하면 바른 선정에 이르고, 자신도 남도 이익 되고 즐거우며, 가장 훌륭한 법인 두려움 없음을 증득한다. 마치 마른 나무와 마른 똥을 땅 위에 놓고 막대기를 비비면 불을 얻을 수 있듯이.

이상의 내용에서 보면 기존의 고행자들은 비록 몸으로 고행을 하나 마음속에는 천상에 태어나 쾌락을 받을 생각이나, 타인들로부터 존경을 받겠다는 등의 생각, 또는 내생에 복덕 구족한 가문에 태어나겠다는 등의 생각을 하고 있기에 바른 해탈에 이르지 못한다는 근본적인 잘못을 지적하고 있다. 여기에서 아무리 힘든 수행을 한다고 해도 해탈·열반에 대한 발심이 없다면 깨달음은 불가능하다는 것을 알 수 있다. 마찬가지로 불자들도 언제까지나 복이나 빌고 부처님의 가피력(加被力)으로 당면한 어려움을 풀어가는 신앙 생활로는 괴로움으로부터 자유로울 수는 없다는 것이다. 비록 복을 누릴 수 있을

지는 모르지만 스스로 지혜롭지 못하면 그 복은 곧 고통으로 바뀔지 모를 일이다.

보살은 이제 가야산을 내려와 나이란자나 강가에 이르러 본격적인 고행에 들어간다. 우선 시체를 쌌던 천이나 버려진 천조각 따위로 옷(아주 큰 보자기처럼 만들어 휘감는 방식)을 만들어 입고 나무 아래 앉아 좌선에 들어갔다. 무더위나 추위를 피하지 않았고 소나기가 쏟아져도 움직이지 않았다. 모기가 피를 빨아도 움쩍도 하지 않았으며, 마치 고목처럼 움직이지 않았으므로 목동이나 개구쟁이 아이들이 막대기로 찔러보기도 했다.

▼ 수자타 마을에서 본 고행림 너머의 전정각산

그러나 보살은 자신의 수행에만 집중하였다.

보살의 고행에서 가장 어려운 두 가지가 설명되고 있는데, 그것은 호흡을 줄이는 것과 음식을 줄이는 것이었다.

보살은 들숨과 날숨을 제어하는데 한번 들여 마신 공기를 내보내지 않으니 몸속에서 바람이 일어 귀는 송곳으로 찌르는 듯하고 정수리는 도끼로 치듯 하였고, 늑골 사이로 소용돌이 바람이 일어 마치 백정이 날카로운 칼로 몸을 가르듯 하였다.

보살은 점차 식사량을 줄여 하루에 과일 한 알에서 대추, 콩, 쌀로 줄여갔다. 살갗은 익지 않은 오이가 말라비틀어진 것 같았고, 수족은 갈대와 같았으며, 척추는 대나무 같았다. 뱃가죽을 만지면 등뼈가 만져지고 몸을 만지면 털이 말라 떨어졌다. 해골이 드러나고 눈이 깊이 꺼졌으며, 일어서려면 머리를 땅에 박고 넘어졌다. 그러나 오직 눈동자는 우물 속의 별같이 반짝이며 빛났다.

단식을 해 보면 21일만 굶어도 갈비뼈가 드러나고 뱃가죽이 등뼈에 붙는다. 거의 단식에 가까운 생활을 6년간 지속했다면 거의 뼈와 가죽만 남을 것이다. 간다라에서 조성된 고행보살상을 보면 경전의 서술에 비해 오히려 훨씬 양호한 것처럼 보인다. 고행을 최고의 수행으로 알고 있던 시절이었던 만큼 콘단냐 등의 다섯 수행자는 이미 보살에 대해 깊은 경외감을 가졌던 것으로 보인다. 보살의 이 고행은 널리 소문이 퍼져 카필라성에서는 태자가 이미 죽었다는 소문이 돌 정도였다고 한다. 언제나 그러하듯 이때도 마왕 파순이 유혹을 한다.

"당신의 몸은 쇠잔하여 죽음이 가까이 왔다. 생명만큼 소중한 것은 없는 법, 깨달음을 얻기는 불가능한데 차라리 바라문처럼 제사나 지내며 큰 과보를 얻는 것이 어떠한가?"

어쩌면 수없이 뇌리를 스친 망상이었는지도 모를 일이다. 그러나 보살은 단호했다.

"내 이미 죽음의 고통에 대한 두려움을 깨뜨려 버린 지 오래이다. 중생계가 다 멸할지라도 나의 서원은 멸하지 않으리라. 나는 신명을 바쳐 더욱 정진하여 결단코 깨달음의 세계로 들어가리라. 나의 서원은 신념으로 뭉쳐 있고 지혜로 장엄되어 결단코 깨어지지 않을 것이다. 나는 차라리 싸워 죽을지언정 패장이 되어 욕된 삶을 살지 않으리라."

이것도 또한 보살이 망상이 스칠 때마다 자신을 채찍질한 다짐이었을 것이다.

IV-7
극단적인 고행을 버림

보살의 고행은 6년에 이르렀다. 어느 누구도 감히 흉내 낼 수 없는 처절한 고행으로 이미 육체도 한계 상황을 넘어서고 있었다. 그러나 해탈의 경지는 나타나지 않았다. 출가 이후 기존의 수행 방법을 다 거치며 철저하게 실천했으나 해탈의 경지는 보이지 않았던 것이다.

보살은 기존의 수행법들에 대해 면밀한 분석을 한다. 단지 이론적인 분석이 아니라 몸소 실천하고 체험함으로써 철저하게 그 문제점을 찾아낼 수 있게 된 것이다. 그 결과 요가 수행이건 처절한 고행이건 문제의 핵심을 피해 가고 있었음을 알게 된다. 다시 말해 정해진 고통을 기정사실화해 두고 그것을 어떻게 해서라도 피해 보려는 자세였던 것이다. 정해진 업

◀ 보살이 나무 아래에서 고행을 하는데,
  새가 머리에 집을 지어 알을 낳았다
  보살은 그 새끼들이 날아갈 때까지 움직이지 않고 앉아 있었다
  - 키질 제 17굴 벽화

(業)을 인정해 두고 그것을 없애려고 하니 대립할 수밖에 없고, 결국 고통은 쉼 없이 일어날 수밖에 없는 설정 속에 갇힌 격이었다.

　요가 수행에서는 고요히 가라앉히면 편안해지니 이것을 지속함으로써 깨달음에 이르리라고 생각한다. 문제는 고요한 상태가 깨어지면 곧 괴로움의 현실이 앞을 가로막는 것이라는 점이다. 고행의 측면에서도 육체를 업의 덩어리로 결론짓고는 이 업 때문에 괴로운 것이라고 여겨 업을 녹이면 곧 해탈하리라 생각한다.

　즉, 줄기차게 육체를 한계 상황으로 몰고 가면서 그 한계를 극복하는 것으로써 해탈할 수 있다고 생각한다. 그러나 결국 육체의 소멸에 이르도록 고행이 계속될 수밖에 없는 것이다.

　기존의 수행체계 속에 뛰어든 보살은 너무나 확고한 이 수행 관행을 따를 수밖에 없었던 것 같다. 물론 기존의 수행자들이 복을 구하는 것에 반해 보살은 해탈·열반에 그 목적이 있다는 차이는 분명했다.

　그러나 6년이 지난 뒤 자신이 이제까지 밟아왔던 전통적인 이 수행법이 근본적으로 잘못이라는 것을 파악할 수 있었던 것이다. 해탈·열반을 이루기 위한 수단으로써의 수행법이 본래의 목적보다 더 중시되었기 때문에 오히려 깨달음이라는 목적이 뒤로 밀려 있었던 것이다.

경전에 서술된 보살의 생각을 따라가 보자.

『방광대장엄경』

나는 가장 어려운 고행을 능히 행하였지만 깨달음을 얻을
수가 없었다. 수행자가 도를 구할 때 몸과 마음을 괴롭혀서 고
통을 받는 이러한 고행은 다만 스스로를 괴롭힐 뿐이요, 이익
이 없음을 알았도다. 고행은 결코 깨달음의 씨앗이 아니다.

▼ 수자타 마을에서 건너다 본 고행림의 먼 풍경

『붓다차리타』

어느새 6년이 거의 되려 하였나니 나고 죽는 괴로움 두려워 하여 바른 깨침의 인을 오로지 구하였네. 스스로 생각하되 이런 고행으로 인해 욕망을 떠나 고요한 지혜 생기는 것 아니다. 내 옛날 왕궁의 잠부나무 아래서 얻은 그 선정만 못하나니, 그것이 곧 도의 기틀임을 알겠네. 도는 약한 몸으로 얻어지는 것 아니거니 모름지기 몸의 힘을 충실히 하여 구해야 하네.

음식이란 모든 기관을 충실히 하고, 기관이 충실하면 마음을 편케 하네. 마음이 편안하면 고요함을 따르나니, 고요함은 선정의 통발이 되네. 선정으로 말미암아 성스러운 법(法-이치) 알고, 법의 힘으로 얻기 어려운 정각을 얻게 되나니, 그러므로 고요함은 늙음 · 죽음을 떠나고 모든 번뇌 여의는 으뜸가는 것 이네.

『불본행집경』

출가수행자가 해서는 안 되는 두 가지 극단적인 것이 있다.

본능적으로 애욕의 기쁨을 좇아 욕망과 쾌락에 빠져서는 안 된다. 이 욕망과 쾌락을 좇는 것은 어리석은 범부들이 찬탄하는 것이고, 수행자를 위해서는 이익이 되지 않는다.

자신의 육체를 스스로 괴롭히는 것에 열중하여 고행에만 빠져서는 안 된다. 이 방법은 몸과 마음이 모두 고통스럽기만 할 뿐이다.

이 두 가지는 스스로의 이익을 얻지도 못할뿐더러 이로움을 주지 못하는 것이므로 반드시 버려야 한다. 나는 이 두 가지의 극단을 버리고 중도의 길을 찾았다. 이 중도는 모든 것을 바르게 보고 바르게 알 수 있는 통찰력과 직관이기에 지혜를 얻게 하고, 이로써 범부중생의 눈을 뜨게 하며, 마음의 평화와 진리의 증득과 큰 깨달음으로 열반을 성취케 한다.

▼ 간다라 시대의 조성이라는 석존의 고행상
- 파키스탄 라호르박물관 소장

179

▲ 고타마께서 6년 고행한 숲 인근의 풍경

『불본행집경』

내 생각하건대 지난날 부왕의 궁내에 있으며 밭갈이하는 것을 보았을 때, 한 서늘한 염부수(잠부나무) 그늘 밑에 앉아 모든 욕망으로 물든 마음을 버리고 일체 좋지 않은 법을 싫어하고 적정을 즐겨 큰 기쁨을 내고 초선(初禪)을 증득하였었다. 나는 이제 다시 그 선정을 생각하리라. 이 길은 바로 깨달음에 나아가는 길이로다.

"고행은 욕망을 여읨이 아니요,

또 바로 깨달음에 나아감도 아니며,

또 해탈의 뛰어난 원인도 아니다.

다만 이 몸과 마음의 괴로운 근본이로다.

만약 내 지금 닦아 배우려 하면

응당 옛날 밭갈이함을 볼 때와 같이

그 염부수 그늘에 앉아 물듦을 여의고

곧 초선(初禪) · 이선(二禪) · 삼선(三禪) · 사선(四禪)을

증득하리라."

▲ 수자타 마을에 남아 있는 옛 탑의 기단부
 - 눈앞의 고목이 고행 시절의 고타마를 연상하게 한다

이상의 내용에서도 알 수 있듯이 보살은 극단적 행위를 통해서는 적정한 세계에 이를 수 없을뿐더러, 그 행위 자체가 오히려 방해가 됨을 파악했다. 그렇다고 그 방법을 완전히 부정한 것은 결코 아니다. 오히려 그것을 잘 활용함으로써 깨달음에 나아가는 좋은 수단이 된다는 것도 인정했다.

또 하나는 간절한 마음으로 문제의 핵심을 보는 것이다. 큰 의심을 일으키는 마음이 있어야 비로소 그 문제를 풀 수가 있다는 것이다. 바로 이 점이 옛날의 기억이라는 형식을 통해 설명되고 있는 것이다.

IV - 8
중도(中道)의 길

보살은 6년에 가까운 고행의 방법을 중단하게 되는데, 이것은 출가 초기 바가바의 고행을 버린 것과는 확연히 다른 것이다. 바가바파의 고행은 어디까지나 보다 큰 쾌락을 바란 고행이었기에 따르지 않은 것이지만, 다시 시작했던 6년의 고행은 깨달음이라는 확고한 목표가 있었던 것이다. 그런데 어째서 이 고행을 버리게 된 것일까?

이때 보살은 어느 한쪽으로 지나치게 치우친 방법과 그 방법을 목적시하는 데에 문제가 있음을 안 것이다. 그래서 중도(中道)라는 새로운 수행법을 찾은 것이다.

옛날 왕궁에서 12세의 나이로 시농제(始農祭)에 참석했을 때의 그 충격적인 광경을 목격한 바로 그때를 떠올렸다. '왜 저럴까?'라는 의심으로 잠부나무 아래에 홀로 앉아 '벗어나는 방법은 없는가?'라는 의심을 간절한 마음으로 몰입해 들어갔던 선정에 답이 있음을 깨닫게 된 것이다. 수단을 목적보다 더 중시해 온 기존의 수행법에 대해 옳지 않다고 판단하게 된 것이다.

오늘날의 현실도 이와 무관하지 않다.

부처님께서 겪으셨던 그 모든 수행의 방법이 오늘날 불가에 다 들어와 있고, 또 새로운 방법까지 다양하게 있다. 그렇다고 한다면 부처님께서 지적하신 바로 그 오류가 오늘날에도 있음을 살펴야 하는 것이다.

참선 수행을 하는 이들이 오로지 앉는 것 자체에 절대적인 가치를 부여하며 목적시 한다면 정법이라고 보기 어렵다. 또한 선정의 맑은 경계만을 지향한다면 그것도 불교적인 바른 목적은 아니다.

경전을 독송하는 것은 부처님의 말씀을 바로 받아들여 깨닫고자 함이다. 그런데 만약 경전을 많이 독송함으로써 나타나는 신비한 현상 따위에 집착한다면 이 또한 바른 목적을 상실한 것이다.

예참의 경우, 절을 많이 함으로써 업장(業障)이 녹아 복덕을 구족한다는 것에 집착한다면 이것도 깨달음이라는 큰 목적은 잊고 있는 셈이다.

이와 같은 수행법은 해탈과 열반에 이르는 매우 좋은 수행법임에는 틀림없다. 그러나 그 수행 방법에 아무리 익숙해도 결코 해탈은 아니며, 그때 나타나는 현상들이 신비롭고 묘해도 그 자체만으로는 결코 참된 깨달음은 아닌 것이다.

부처님께서 지적하신 문제를 파악하는데 도움이 될 수 있는 일화 몇 가지를 살펴보기로 하자.

⊙ 달마(達摩)와 혜가(慧可)

달마스님께서 인도로부터 중국에 건너오시어 소림굴에서 면벽을 하고 계실 때, 깨달음에 대한 절절한 마음으로 혜가(신광)스님이 찾아왔다.

혜가가 면담을 요청했으나 달마스님은 본체만체했다. 한겨울 눈이 내려 혜가의 몸이 눈 속에 묻히고 있었지만 달마스님은 여전히 미동도 하지 않았다. 혜가는 어느덧 눈사람처럼 되어 있었다.

이윽고 달마스님이 한마디 던졌다.

"무엇 때문에 그렇게 서 있는 것이냐?"

"법을 구하여 이렇게 스님을 찾아 왔습니다."

"너 같은 녀석이 무슨 불법이냐?"

그러자 혜가가 차고 있던 계도를 뽑아 왼팔을 잘라서 잘린 팔을 들어 올리고는 말했다.

"목숨을 대신해 이 팔로 믿음(信)을 바칩니다."

달마스님은 혜가를 안으로 들게 한 후에 질문을 하게 했다.

"제 마음이 편치 않습니다.

바라옵건대 제 마음을 편안케 해 주십시오."

"어디 편치 않다는 그 마음을 내놓아 보아라."

한참 동안 침묵하던 혜가가 찾을 수 없다고 고백하자,

달마스님이 단호하게 말씀하셨다.

"자! 이제 너의 마음을 편안케 해 주었다."

▼ 중국 소림사 혜가대사가 눈 속에 서서
  달마대사를 만나려 했다는 자리에 세워진
  입설정(立雪亭) 안의 달마대사와 혜가대사상

▲ 중국 삼조사에 모셔져 있는 승찬대사상

⊙ 혜가(慧可)와 승찬(僧璨)

어느 날 혜가스님에게 문둥병에 걸린 한 남자가 찾아왔다. 그는 생의 마지막 희망을 걸고 큰스님을 찾아왔노라고 고백했다.

"무엇 때문에 나를 찾아왔단 말이냐?"

"네, 저는 전생에 무슨 죄업이 많은지 이렇게 몹쓸 병에 걸려 사람 노릇도 제대로 못한 채 치욕스런 생활을 해 왔습니다. 제발 저의 죄를 큰스님 도력으로 참회케 해 주십시오."

"그렇게 하지. 그럼 우선 자네의 그 죄업이라는 것을 내어놓게나. 내가 깨끗이 해 주겠네."

한참을 침묵하던 남자가 무겁게 입을 열었다.

"아무리 찾아도 찾을 길이 없습니다."

"그래, 이미 그대를 참회케 했네."

이 남자가 출가하니, 훗날의 삼조 승찬대사이시다.

▲ 중국 남악(南岳)에 있는 마경대(磨镜台) 유적
 - 이곳에서 회양선사는 마조스님을 가르쳤다

⊙ **남악 회양(南嶽懷讓)과 마조 도일(馬祖道一)**

남악회양선사가 주지로 있는 반야사 뒤편 암자에서 도일스님이 좌선을 하고 있었다. 도일스님이 열심히 정진한다는 소문을 들은 회양선사가 어느 날 암자로 찾아가 도일에게 물었다.

"좌선을 해서 무엇을 얻으려 하는가?"

"부처가 되고자 합니다."

회양선사는 아무 말도 않고 기와(혹은 벽돌)를 돌에 갈기 시작했다.

마조가 궁금해서 물었다.

"기와를 갈아 무얼 하시려는 겁니까?"

"거울을 만들어 볼까 하네."

"기와를 간다고 거울이 됩니까?"

"기와를 갈아 거울이 될 수 없다면 앉아 있다고
 부처가 되겠는가?"
"그러면 어떻게 해야 합니까?"
"소달구지가 움직이지 않을 때, 달구지를 채찍질해야겠는가,
 아니면 소를 채찍질해야겠는가?"
-이하 생략-

보살이 고행을 버리고 중도의 길로 나아가는 모습을 살펴보자.

보살은 휴식을 취한 후 탁발을 하려고 생각했다.

"나의 육신은 이제 너무나 허약해져 있다. 이러한 상태의 몸
으로는 도를 성취할 수 없을 것이다. 비록 신통력으로 몸을 회
복할 수 있다 하더라도 이는 모든 중생을 속이는 것이 될 것이
며, 모든 부처님이 도를 구하는 방법이 아니다. 나는 이제 육
신의 힘을 얻기에 좋은 음식을 받아서 체력을 회복한 후 깨달
음의 도량에 나아가리라."

이때에 여러 천신들이 나타나 보살께 아뢰었다.

"보살께서는 좋은 음식을 구하려 하실 필요가 없습니다. 저
희들이 신통력으로써 존자의 털구멍을 통해 영양소를 주입하
여 본래와 같이 기력을 회복시켜 드리겠나이다."

◀ 6년의 고행을 끝내고 니련선하에서 목욕을 하시는 모습
- 해인사 팔상탱 설산수도상 부분도

IV-8 중도(中道)의 길

189

그러자 보살은 거절하시며 이렇게 말씀하셨다.

"내가 음식을 먹지 않아 몸이 이렇게 된 것을 모든 이들이 알고 있는데, 만약 이러한 상태로 도를 이룬다면 저 외도들은 굶주림의 고통이 바로 깨달음을 얻게 한다고 할 것이오. 그것은 모든 중생을 속이는 일이기에 그렇게 도를 이루지는 않을 것이오. 반드시 세상 사람들의 음식을 받아먹은 후에야 도를 이룰 것이오."

그리고는 일어나 나이란자나 강에 들어 누더기를 빨고 몸을 깨끗이 씻었다. 몸이 너무 쇠약하여 혼자 힘으로는 걸어 나올 수 없었으므로 강가에 드리워진 나뭇가지를 붙잡고 겨우 언덕으로 오를 수 있었다. 다시 휴식을 취한 보살은 우루벨라 마을로 들어갔다. 이때 수자타가 우유죽을 발우에 담아 보살께 바치고 기원하였다.

"이 우유죽을 드시고 반드시 무상정등정각(無上正等正覺-최고의 깨달음)을 이루소서!"

목욕과 공양으로 기력을 회복한 보살은 나이란자나 강을 건너 훗날의 붓다가야(보드가야) 대도량(大道場)으로 불리게 되는 핍팔라나무에 이르렀다. 보살은 마침 근처에서 풀을 베고 있던 길상(吉祥)이라는 목동에서 풀을 얻어 자리를 만들고 대

▶ 태자께서 목욕 후에 수자타가 공양 올린 우유죽을 드시고 기운을 차리셨다 - 키질 제 110굴 벽화

원을 발하고 자리에 앉았다.

"비록 온 몸의 살과 피가 다 마르고, 피부와 힘줄과 뼈가 다 말라 부서지더라도 내 반드시 무상정등정각을 이루기 전에는 결코 이 가부좌를 풀지 않으리라."

한편 콘단냐 등의 다섯 수행자는 최고의 성자로 생각했던 보살의 돌연한 변화에 크게 놀라고 실망했다.

"사문 고타마는 극심한 고행을 하였음에도 아직 무상정등정각을 이루지 못하였는데, 이제 멋대로 몸도 씻고 좋은 음식도 받아먹으니 이것은 이미 수행을 포기한 것이다. 이렇게 타락했으니 깨달음을 기대할 수는 없다. 우리가 곁에 있어야 할 까닭이 없으니 떠나자."

그리고는 바라나시의 녹야원으로 가 버렸다.

우리가 경전을 통해서 만나는 이 사건은 오늘날 우리의 생각으로는 큰 문제가 아니다. 그러나 당시의 상황은 전혀 다르다고 봐야 할 것이다.

우리가 태자의 자리를 버리고 출가한 사건을 그럴 수 있겠거니 하고 생각해 버리듯이, 고행을 포기하는 것도 그럴 수 있거니 하고 쉽게 생각하게 된다. 그러나 극심한 고행을 6년이나 능히 이겨내고 이미 찬탄과 기대를 한 몸에 받고 있던 보살의 입장에서는 전혀 다른 것이다. 고행을 버린다는 것은 철벽과도 같은 당시의 고정관념과 가치관을 통째로 허물어 버리는

▲ 수자타와 시종이 고타마께 우유죽을 공양 올림 - 미얀마 불화

사건이기 때문이다.

　당시에는 양극단적 상황이 있었던 것으로 보인다. 이미 정해진 상황에서 인생을 최대한 즐기자는 주의와 그렇게 하는 것은 가치 없는 삶이며 다음 생을 위해 고행으로 업을 소멸하자는 주의가 있었다. 물론 이외에도 다양한 사상가들이 활동하고 있었다.

왕궁에서 출가할 때는 기대에 차 있는 수많은 인연들을 뿌리쳐야 했다. 쾌락에 가득한 삶을 청산하고 철저한 고행의 길을 선택한다는 것은 참으로 어려운 것이었다. 그런데 이번에는 성자로서의 추앙과 기대를 던져 버리는 더더욱 어려운 결단을 내린 것이다.

이제 가만히만 있어도 이미 성자로서의 삶이 열리게 되는데, 문득 그 명예를 헌신짝처럼 버리고 타락자라는 오명을 덮어쓴 것이다. 그렇지만 그런 수행이 잘못된 것임을 확실히 알아 버린 보살로서는 해탈에 이르는 길로 나아갈 수밖에 없었던 것이리라. 그렇기 때문에 주변의 어떤 시선도 개의치 않을 수 있었던 것이다.

보살은 고정관념의 벽에 대해 한마디 변명도 하지 않았다. 이미 두터운 벽 속에 갇혀 있는 사람들에게는 어떤 설명도 아무런 효과가 없을 것이라는 것을 알기 때문이다. 때문에 다섯 수행자가 비난하며 떠나가는 것을 가만히 지켜보고 있었던 것이다.

V.
깨달음

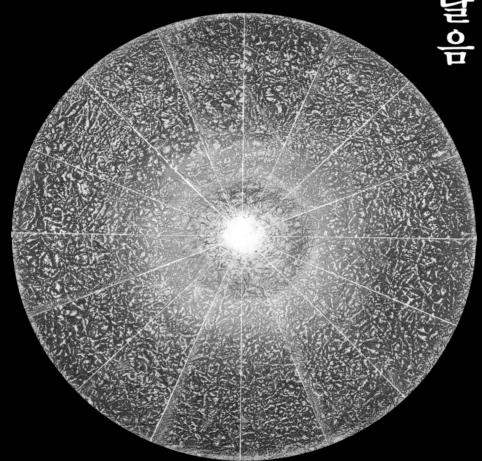

- 수하항마상(樹下降魔相)

Ⅴ・깨달음 - 수하항마상(樹下降魔相)

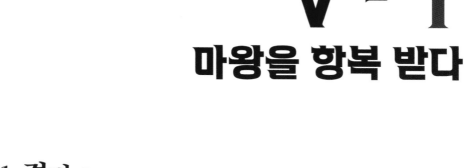

V-1
마왕을 항복 받다

1. 경전 속의 항마(降魔)와 상징

보살은 6년여의 극단적인 고행을 끝내고 이제 중도(中道)라
는 새로운 방향을 정하고, 새로운 장소인 핍팔라나무(아쉬밧타
나무) 아래에 자리를 잡고, 대원을 발한 후 마지막 용맹정진에
들어간다.

『니다아나 까타아』에서는 이렇게 설명했다.

보살은 보리수를 등에 두고 동쪽을 향하여 앉았다. 그리고
는 "설령 살갗과 근육과 뼈가 닳아지고 몸의 피와 살이 말라
없어진다 해도 올바른 깨달음을 얻지 못한다면 나는 이 결가
부좌를 풀지 않으리라"라고 굳게 결심했다. 수없이 많은 우뢰
가 한꺼번에 내리쳐도 흐트러지지 않도록, 굴복하는 일이 없
는 가부좌를 맺고 앉으셨다.

◀ 해인사 팔상전의 수하항마상

▲ 고행림을 떠나 보드가야의 보리수 아래로 들어가시다

『불본행집경』에서는 보리수에 앉기 전의 상황을 이렇게 서술했다.

보리수로 향하며 보살은 다음과 같이 생각하셨다. "이 욕계 안에는 저 마군의 왕 파순이 주인이 되어 마음대로 거느리니, 내 이제 마땅히 그에게 알리리라. 만약 그에게 알리지 않고 무상정등정각(無上正等正覺)을 증득한다면 나는 대각(大覺)이라고 표현하지 못하리라. 왜냐하면 마왕 파순을 항복 받고 섭수해야 진정한 깨달음이기 때문이다. 또 겸하여 일체 욕계 모든 하늘과 그 마군들을 섭수하고 항복 받으려 함이로다. 마왕

궁전 가운데 있는 한량없는 모든 마군의 권속들이 이미 지난 옛적에 모든 선근(善根)을 심었으므로, 만약 나의 사자후소리를 듣고 또 내가 무상정등정각(無上正等正覺)을 증득한 것을 볼 때에 그들은 다 내 곁에 와서 마땅히 무상정등정각(無上正等正覺)의 마음을 낼 것이다." 이렇게 생각하고 보살께서는 미간백호(眉間白毫) 가운데서 광명을 놓으니, 그 빛이 삼천대천세계에 가득 찼고, 마왕의 궁전은 빛을 잃었다.

　한편 마왕에 대한 서술도 많다.
　마왕은 꿈속에서 게송을 들었다.
　세간에 큰 중생이 하나 있으니
　여러 겁을 지나면서 모든 행이 원만했네.
　가비라성 정반왕의 태자로 태어나
　왕위를 버리고 출가하셨네.
　감로의 문 열기 위해
　그는 이제 보리수 아래로 나아가시네.
　네 몸에 만약 큰 기운이 있거든
　그 나무 아래에 가 한번 시험해 보라.
　그는 이제 저 언덕 가에 이르고,
　또 남을 건지어 저곳에 이르게 하네.
　보살은 이미 스스로 깨치시고,
　이제 또 다시 남도 깨우치려 하네.

V – 1 마왕을 항복 받다

스스로 저 적정한 선정을 얻고서,

또 사람을 가르쳐 적정케 하려 하네.

이미 스스로 얽매인 길을 끊고,

다른 이를 해탈의 성으로 가게 하시네.

삼악도를 다 깨뜨려 텅 비우고, 인간과 천상에 도가 가득해

선정과 5신통을 나타내시고, 감로의 궁전에 편히 드시리.

그는 이제 멀지 않아 밝음을 증득하여

반드시 너희 경계를 비게 하리니,

어리석고 성내고 어두운 무리들,

너희 무리 남김없이 쳐부수리라.

   마왕 파순은 32종의 악몽을 꾸게 된다. 즉, 천궁이 빛을 잃고 오물로 가득 차는 꿈, 자신의 몸이 공포로 떨리고 도망가는 꿈, 목과 입술이 마르고 추웠다가 뜨거웠다가 하는 꿈, 샘과 꽃이 마르고 모든 새의 깃털이 떨어지는 꿈, 모든 악기는 깨어지고 권속들이 다 떠나고 홀로 괴로워하며 쓰러져 있는 꿈, 아름다운 여인들이 다 미친 듯하고 자신의 아들들이 보살의 발에 큰절을 올리는 꿈, 딸들이 슬퍼하는 꿈, 자신의 옷에 때가 끼는 꿈, 흙먼지를 뒤집어쓰고 몸이 검게 마르는 꿈, 성의 모든 것이 무너지는 꿈, 멋진 것들이 다 허물어지는 꿈 등이었

▶ 고타마의 삼매력에 마왕 파순의 궁전이 크게 흔들리다
- 해인사 대적광전 팔상탱 수하항마상 부분도

다. 마왕은 꿈에서 깨어나자 곧 보살에게 달려가 보리수에 가지 말라고 회유하였으나 실패하였다.

마왕은 천 명의 아들들을 불러 모아 보살을 공격할 방법을 의논하였다. 아들들은 두 편으로 갈라졌다. 한편은 보살에게 귀의할 것을 권하였고, 다른 한편은 공격할 것을 주장하여 좀체 결론이 나질 않았다.

마왕은 화를 내며 딸들을 불러 먼저 유혹하게 하였다. 염욕(染欲)·능열인(能悅人)·가애락(可愛樂)이라 불리는 딸들을 보리수 아래로 보내 갖가지로 유혹해 보았지만 보살은 마치 수미산처럼 미동도 하지 않고 다음과 같이 나무랐다.

▼ 마왕 파순의 딸이 아름다운 몸매로 유혹하였으나 고타마께서는 늙은 노파의 몸으로 변하게 하였다

"나는 모든 쾌락을 버려 공중의 바람처럼 자유로우니 너희들은 결코 쾌락으로 나를 묶어두지 못하리라. 너희들의 육체는 비록 아름다우나 마음이 요사스럽고 추악하며, 마치 아름답게 채색한 항아리 속에 독이 들어 있음과 같구나. 가죽 주머니에 똥을 가득 담은 물건들이 와서 무엇을 하려느냐. 떠나거라. 나는 기뻐하지 않노라."

마왕의 딸들은 돌아와 보살은 결코 꺾이지 않을 분이라고 설명하면서 공격을 단념하고 귀의하라고 권하였다. 아들들의 반수도 역시 항복하여 귀의하는 것이 좋을 것이라고 권했다. 그러나 마왕 파순은 오히려 크게 분노하면서 총공격을 명하였다.

▼ 마왕 파순이 총공격을 하는 장면 - 미얀마 불화

『니다나 카타』에서는 총공격을 먼저 하고 딸의 유혹이 뒤에 서술되는데, 내용상으로는 크게 다를 것이 없다.

총공격의 상황은 엄청난 전쟁처럼 무시무시하다. 보살을 에워싸고 찬탄을 하며 성불을 기다리던 모든 천신과 용 등의 무리들은 다 도망가 숨어 버리고, 오직 보살께서 홀로 마왕의 무리를 맞이하였다고 서술될 정도이다.

마왕은 광풍·폭우·바위·무기·숯불·모래·뜨거운 재·진흙·어둠·철퇴 등으로 공격했으나, 그것들은 보살의 주변에 이르면 모두 향이나 꽃다발이 되고 말았다고 한다.

보살은 보시·지계·출리(出離)·지혜·정진·인욕·진실·결정·자비·사(捨)바라밀의 십바라밀을 관조하고 계시다가 마왕 파순에게 고요히 말씀하셨다.

"마왕이여! 그대는 십바라밀이나 바라밀과 비슷한 것 중에 어떤 것도 이루지 못했으며, 주위를 이익 되게 하는 행위나 세간을 이익 되게 하는 행위뿐만 아니라 깨달음을 향한 어떤 수행도 하지 않았다. 그러므로 이 깨달음의 자리는 그대의 것이 될 수 없다. 오직 나의 것이다."

경전 속의 항마 이야기는 수행을 완성함에 있어서 결정적으로 필요한 경계에 대한 상징이 숨어 있으므로 그 상징을 명확하게 풀어 봐야 한다.

먼저 마왕 파순의 실체를 보자.

파순(波旬)은 빠아삐이야스(pāpīyas)의 음역이다. 이는 욕계(欲界) 제6천인 타화자재천왕(他化自在天王)이다. 이는 '타인의 즐거움을 자신의 즐거움으로 만들 수 있는 왕'이라는 뜻이 되는데, 욕망의 최고 자리로 언제든지 타인의 즐거움을 빼앗아 자기의 것으로 할 수 있는 자리이다. 아마도 절대적인 권력의 제왕쯤으로 생각해 봐도 무방할 듯하다.

경전의 해석대로라면 이 마왕의 세력은 엄청난 것으로, 불법(佛法)이 약해져 지혜로운 이들이 없을 때가 가장 강해지고, 불법이 강해져 지혜로운 이들이 많을 때 가장 약해진다.

사람이 지혜로부터 가장 멀어질 때가 언제일까? 그것은 아마도 갖가지 권력·재력·명예를 한손에 쥐었을 때가 아니겠는가. 수행을 방해하는 데는 이보다 더 좋은 것이 없을 것이다. 마음대로 세상을 즐길 수 있는 자리에 있다면 과연 누가 과감히 그 자리를 박차고 수행할 수 있겠는가. 그러나 바로 타화자재천왕과 같은 그 자리도 영원할 수는 없는 것이다. 지은 만큼의 복이 다하면 삼악도로 떨어질 수도 있는 자리이다.

파순이 자신의 궁전과 세력을 다 줄 것이니 깨달음을 포기하라고 유혹했지만, 이미 그 자리가 유한하다는 것도 알뿐더러 이미 제왕의 자리를 버린 보살이 그 자리를 받을 리가 없는 것이다.

그런데 보살이 성불 직전에 스스로 마왕 파순에게 당신이 깨달음에 이르신 경지를 알리고 먼저 항복 받으려 했다는 점에 유의할 필요가 있다. 그 이유로 "그를 항복 받아야 대각이라 할 수 있기 때문이며, 내가 무상정등정각(無上正等正覺)을 증득했다는 것을 알 때 그들도 마땅히 무상정등정각(無上正等正覺)의 마음을 낼 것이기 때문이다."고 한 내용을 잘 살펴야 한다.

우리는 보살의 고행을 포기할 때 회상했던 부분을 생각해 봐야 한다. 보살은 12세 때 잠부나무 아래의 선(禪)을 회상하고는, 마땅히 그 선(禪)의 경지에 의한 깨달음의 길을 선택하였다. 그런데 막상 보리수 아래에서는 그 선(禪)의 경지에 대한 설명은 하지 않고 바로 마왕 파순을 등장시켰다. 그것도 당신 스스로 마왕 파순을 끌어들인 후, 그를 항복 받는다는 점이다.

보살이 출가한 목적은 생사윤회로부터의 해탈이다. 그런데 지금까지 고통에서 벗어나기 위한 필사적 노력을 했으나 생사윤회의 원인 분석이 되지 않았다. 오히려 생사윤회를 피해 가는 방법을 생각하고 수행했다는 결론에 도달하게 된다.

12세 때 최초로 선정에 잠겼던 때를 생각해보면, 생사윤회가 왜 일어나는가 하는 문제에 집중하고 있었던 것인데, 보리수 아래에서 바로 이 문제로 다시 돌아온 것이다. '왜 생사윤회를 하는가?'에 대한 원인 규명이 바로 마왕 파순의 등장에 있다는 것임을 알아야 한다. 즉 생사윤회의 원인은 결국 마음대로 자기 것으로 만들고 싶은 욕망의 덩어리인 파순(타화자재천왕)인 셈이다. 이것을 마땅히 항복 받아야 큰 깨달음(大覺)이라 할 수 있으며, 또 이 욕망의 덩어리는 한 생각 돌이키는 발보리심(發菩提心)으로 전환될 수 있는 것임을 보여주는 셈이다.

우리는 욕망 때문에 스스로 생사윤회를 자초하지만, 성불에 이르고자 하는 욕망으로의 방향 전환인 발보리심으로 인해 생사윤회의 고통으로부터 해탈할 수 있는 것이다.

이것을 구체적으로 나타내고자 『불본행집경』에서는 파순의 아들들이 정반대의 두 집단으로 설정되어 있다.

먼저 보살에게 항복하고 귀의하자는 아들들의 이름을 보면, 선각(善覺)·선목(善目)·묘명(妙鳴)·덕신(德信)·법신(法身)·복덕영락장엄(福德瓔珞莊嚴)·성리(成利)·법희(法戲)·사자후(獅子吼)·선사(善思) 등이다. 이것은 우리의 좋은 심리(心理)인 선심소(善心所-심소란 심리작용이라는 뜻)이면서 발심하여 정진하는 수행자의 심리상태를 나타낸다.

다음 공격하자는 아들들은 악구(惡口)·백투(百鬪)·엄위(嚴威)·보원(報怨)·구과실(求過失)·불회(不廻)·항작죄(恒作罪)·탐희(貪戲)·첩질(捷疾-너무 급함)·악사(惡思) 등이다. 이는 우리의 나쁜 심리이면서 조화롭지 못하고 대립 투쟁하며 악업을 짓는 방향으로 가는 욕망의 모습이니, 당연히 수행에 장애가 되는 것들이다.

보살을 공격했다는 파순의 군대를 원어와 뜻풀이를 통해 살펴보면 보다 명확해진다. 군대의 이름은 카마(욕망)·아라티(혐오)·굽피파사(기갈)·탕하(갈애渴愛-불타는 애욕)·티나 밋다(나태)·비르(공포)·비치 키차(의혹, 의심)·마카 탐바(위선, 고집) 등이다. 이러한 것들은 번뇌를 설명할 때 모두 거론되는 것이니, 결국 보살은 바로 이러한 것들이 해탈을 장애하고 생사윤회에서 벗어나지 못하게 하는 요인이라고 파악하신 것이다.

그렇다면 이러한 것들은 어떤 모습으로 우리에게 다가와 수행을 방해하고 유혹하며 좌절시키는가를 살펴보자.

1997년인가 중국 조선족 출신 스님 한 분이 다녀간 적이 있는데, 그 스님을 통해 중국 정부의 불교에 대한 정책을 들을 수 있었다.

현재의 중국 정부가 들어선 후 가장 먼저 손을 댄 것이 불교계였다. 새로운 통치 이념에 불교계가 따르지 않을 것을 안 정부는 모든 사찰을 폐쇄하고, 스님들을 강제로 환속시키거나 군대나 농장 등으로 보냈다. 그렇게 세월이 흐르면서 불교는 중국에서 사라지는 듯 했다. 그런데 언제부터인가 중국 정부의 정책이 바뀌기 시작했다. 사찰을 관리하는 군인이나 민간인보다는 스님들이 사찰에 사는 것이 여러 가지로 좋겠다는 정책이 나온 것이다. 그때까지 숨어서 수행하던 스님들이 다시 사찰에서 머물 수 있도록 했으며, 외형적으로는 사찰에 대한 지원이나 출가자에 대한 지원을 시작했다. 중국 전역에서 사찰이 보수되고 출가자도 늘어나기 시작했으며, 어려움 속에서 숨어서 행하는 불교 신자들의 신앙 생활도 활기를 되찾기 시작했다고 한다.

 그러나 중국 정부가 불교계를 다시 중흥시키려 했다는 생각은 속단이다. 중국 정부는 겉으로는 불교에 대한 지원을 아끼지 않고 불교의 신앙 생활을 완전 자유화한 듯하지만, 안으로는 출가 수행자에 대한 일종의 두려움 같은 것을 버리지 못하고 끊임없이 견제하며 감시하고 있다는 것이다. 심지어 열심히 수행하는 젊은 스님에게는 충분한 재정을 지원하면서 오히려 수행을 소홀히 하게끔 교묘하게 방해한다는 것이다. 한 예로 스님이 자신의 의지로 교학을 연구하고 수행하기 위해 움직일 때는 여행 허가도 까다롭고 늘 감시자가 따르지만, 목적

▼ 중국 구화산 신라 출신인
김교각스님(지장보살)의 진신이 모셔진
호국육신보탑전

없이 놀러 다닐 때는 풍족한 여행 경비는 물론이고 갖가지로 편의를 제공하며, 수행보다 세속의 일에 흥미를 갖게 한다는 것이었다.

이 이야기는 어디까지나 한 스님(2008년 구화산 성지순례 때 가이드의 이야기로는 주지를 맡고 있으며 촉망받는 스님이라고 했다)을 통해 들었지만 충분히 짐작되는 바가 있다. 그리고 현재 중국에서 방장이나 주지로 있는 스님들의 이야기도 거의 같은 점을 볼 때 사실로 생각된다.

중국 불교를 잘 알고 있는 이들의 이야기로는 숨은 고승들이 없는 것이 아니지만, 현재의 여건상 많은 제자를 양성할 입장도 아니라고 한다. 또 젊은 수행자가 그런 고승이 있다는 것을 거의 모르며, 교학이나 수행의 체계에 있어 대단히 열악한 입장인지라, 한국 불교나 티베트 불교가 도움을 주어야 할 것이라고 한다.

이상의 중국 현실뿐만 아니라 부처님의 땅 인도에서 불교가 밀려나는 과정에서도 알 수 있듯이 절대 권력을 가진 세력에 의해 수행은 좌절될 수가 있다. 우리나라만 하더라도 조선조 오백 년의 불교는 거의 수행할 여건이 아니었음을 알 수 있다. 법맥을 이은 선사 중 벽계 정심(碧溪正心, 淨心)선사는 황악산 골짜기에서 비승비속(非僧非俗)으로 수행하시며 벽송 지엄(碧松智儼)선사에게 법을 전했다고 할 정도이다.

이 절대 권력에 대한 것은 반드시 외적인 것만은 아니다. 안으로부터 일어나는 절대 권력에 대한 동경 같은 것, 다시 말해 수행의 목표가 일반인들이 갖지 못한 신비롭고 엄청난 힘을 지닌 능력을 원하는 것이라면 바른 깨달음을 얻는다는 것은 영원히 불가능한 일이 되고 말 것이다. 이러한 외적 내적인 장애를 능히 넘어서지 않고는 생사해탈은 요원할 것이다.

다음으로 수행을 장애하여 윤회케 하는 것은 쾌락에 대한 추구라고 할 수 있다. 마왕의 딸로 등장하는 이 부드럽고 아름다운 장애는 그 이름이 '욕망에 빠져 듦(염욕染欲)' '사람을 능히 황홀케 함(능열인能悅人)' '사랑하고 즐길 만한 것(가애락可愛樂)' 이라는 뜻이 된다.

우리가 흔히 하는 말에 '강한 것에는 강하고 약한 것에는 약하다'는 것이 있는데, 힘으로 방해하는 것에는 단호하면서도 오히려 부드러운 것에는 쉽게 빠질 수가 있다는 말이다. 부드럽고 아름답게 다가오는 이러한 장애에는 쉽게 무너져 수행을 포기하고 기쁜 마음으로 뛰어드는 것이다.

부처님께서는 이것에 대해 그 실체를 분석하셨다.

아름답게 채색한 항아리 속에 독이 들어 있는 것 같고, 부드러운 가죽 주머니에 똥이 가득 담긴 것 같다. 나는 이제 모든 쾌락을 버려 허공의 바람처럼 자유로우니 쾌락으로 묶어 두지 못하리라.

▲ 고타마께서 마군의 공격을 물리치시는 장면
- 해인사 대적광적 팔상탱 수하항마상 부분도

다음으로 만나게 되는 것이 마왕 파순의 회유이다.

"깨달아 봤자 뭐 대단한 것이 있겠소. 차라리 무엇이든 마음대로 할 수 있는 타화자재천의 모든 것을 갖는 것이 좋지 않겠소. 나에게는 이처럼 많은 권속과 힘과 궁전 등이 있는데 반해, 당신이 깨닫는다고 해서 과연 누가 그것을 증명하며 알아줄 것이란 말이오."

▲ 고타마께서 마군을 항복 받고 도를 이루시다
- 키질 제 98굴 벽화

이에 대한 부처님의 말씀은 핵심을 찌르고 있다.

"마왕 파순이여! 그대는 욕망 세계의 주인으로서 스스로 가장 높은 체하나, 그것은 가장 높은 것도 아니며 진정한 주인도 아니다. 열반을 증득하여 부처님 법에 도달한 이라야 비로소 높은 것이며, 해탈을 이루어 부처의 세계에 들어갈 때 진정한 주인이 되리라."

이어 보살은 증명할 대상으로 땅을 가리켰다. 석가모니부처님의 수인(手印-손 모양) 가운데 항마촉지인(降魔觸地印)은 이것을 나타낸다. 마왕을 항복 받을 때 대지를 가리키고 당신의 깨달음을 증명할 것이라는 내용이다.

이때 대지란 무엇인가? 그것은 우리의 근본인 청정한 마음자리이기도 하고, 사람들의 양심이고 본심이기도 하다. 진정한 행복과 자유는 마음의 대지에서 비롯되는 것이다.

우리는 여기에서 입적하신 성철스님을 회상해 볼 필요가 있다. 스님께서 종정으로 계실 때, 절대 권력을 장악한 위정자들이 끊임없이 회유를 하려 했다. 청와대에 초청을 하고 또 국정 자문위원이니 하는 국가 기구 속에 끌어들이려 했으나 큰스님께서는 단호히 거절하시고 시중에 나오시지 않으셨다. 또한 해인사까지 찾아온 최고 권력자도 만나지 않았던 것이다. 그들이 법을 위해 온 것이 아니기 때문이었다.

스님께서는 종단 내부에 갈등이 일어났을 때 어느 편에도 기울지 않으셨다. 초연한 모습을 보임으로써 제자리를 찾도록 하셨던 것이다.

2. 항마의 현실적 해석

마아라(魔羅, 장애, Māra-보통 '마라'로 발음)는 어디에 있는 것일까?

"한 스님이 좌선만 하면 큰 거미가 나타나 자신을 노려보았다. 거미 때문에 공부를 할 수 없게 된 스님은 큰스님께 여쭈었다. 큰스님은 거미 등에 먹으로 표시를 하라고 가르쳐 주셨다. 거미가 나타났을 때 먹으로 표시를 하자 거미는 홀연히 사라졌다. 좌선을 마치고 살펴보았더니 자신의 배에다 먹으로 표시를 한 것이 아닌가!"

이 이야기는 자신을 방해하는 것이 곧 자기 자신에게 있다는 것이다. 실제로 스님들이 수행을 하다 보면 호랑이를 본다거나 큰 뱀이 나타난다거나 하는 경험을 하기도 한다.

이런 현상들은 바로 옆에 있는 사람도 모르는 완전히 개인적인 것이다. 그것은 일종의 환상과도 같다. 그러나 당사자는 그 경계를 넘어서기 전까지는 실제처럼 느낀다.

부처님께서 성불 직전에 만나 항복 받은 이 마아라(Māra)의 실체는 당신의 내면에 뿌리 깊게 자리 잡고 있던 관념들이다. 이 관념을 우리는 현실이라고 받아들인다. 우리가 경전을 통해 무언가를 이해한다고 할 때, 이 관념은 잠시 숨어 있고 다른 관념이 자리한다. 경전을 놓고 일상으로 돌아가면 앞뒤의 관념이 공존하기도 하고, 또는 더 강한 관념이 주도권을 쥔다. 부처님께서는 당신의 내면 깊이 자리 잡고 있던 이 관념들을 정면으로 마주한 것이다.

다시 말하면 이제까지의 자신을 객관화시키면서 마주보는 것이다. 그리고는 그것이 허상임을 아시고 깨어 버린다. 바로 이것이 마군을 항복 받은 것이다.

후대에 성립된 유식론(唯識論)에서는 관념이 자리 잡고 있는 자리를 아뢰야식(阿賴耶識-Ālaya)이라고 하였다. 이 말은 초기 경전인 증일아함경(增一阿含經) 등에서도 보인다.

매우 복잡한 이론 체계이지만 간략하게 설명하면 이렇다.

아뢰야식은 수많은 정보를 받아들이고 저장한다. 이 정보들은 어떤 방향성을 갖게 되는데, 이것을 과거의 업력(業力)이라고 하며, 무언가 장애를 일으키면 업장(業障)이라고도 한다. 따라서 이 업력(業力)에 끌려 생사윤회(生死輪廻)를 되풀이하게 되는 것이다.

이 정보의 방향성은 고정된 것은 아니며, 새로운 정보를 받아들임으로써 새로운 방향으로 전개되기도 한다. 그러므로 새로운 지식 습득이나 새로운 체험으로 새로운 방향성을 갖기도 한다. 그러나 완전히 그 방향을 반대로 바꾸려 하면 심한 저항을 받게 되는데, 이것을 업장(業障)이라고 하는 것이다.

수행자가 아예 기존의 방향성으로부터 완전히 벗어나려고 하면 그 저항은 최고조에 달한다. 지금까지 생각지도 못했던 일들이 눈앞에 전개되면서 방해하거나 혹은 좌절시키려 한다. 바로 이것이 끊임없이 보살에게 나타났던 마아라(Māra)의 속삭임인 것이다.

하지만 이것들이 자신의 밖에 존재하는 것은 아니다. 그것은 모두 자신이 만들었던 것들이며, 따라서 항복받고 소탕하는 것도 자신이 할 수 밖에 없는 것이다. 수행이 깊어질수록 관념들의 근원적인 자리와 만나기 때문에 점차 그 저항을 크게 받는 것으로 느끼게 된다.

그러나 그 관념들이 허망한 것임을 깨닫고 놓는 순간 모든 존재의 참모습이 보이는 것인데, 이를 제법실상(諸法實相)이라고 한다.

장애를 넘어서는 과정에 대한 이해를 돕기 위해 수행자가 겪는 경계에 대해 설명해 보기로 한다.

- 출가 직후에는 대체로 속세에 대한 상념들이
  계속 일어나게 마련이다.
- 수행을 하면서 의도적인 생각은 아니나
  무의식적으로 속세의 일들이 문득문득 떠오르고,
  꿈속에서는 여전히 속세의 생활이 많이 나타난다.

- 어느 정도 수행이 깊어지면 깨어 있을 때는
  불법 수행에 몰입하게 되고 꿈속에서도
  속세의 일들이 보이지 않게 된다.
- 좀 더 나아가면 깨어 있을 때도 수행하지만
  꿈속에서도 수행하는 자신의 모습을 볼 수 있게 된다.
- 수행이 익어가면서 모든 이치를 환하게 알 것 같지만
  무언가 보이지 않는 장막에 갇혀 있는 듯이
  답답함을 느끼게 된다.
- 계속해서 정진의 고삐를 늦추지 않으면
  어느 순간 보이지 않던 장막도 사라지고
  세상 모든 것의 실상을 보게 된다.

V · 깨달음 - 수하항마상(樹下降魔相)

▲ 시드니에서 호텔 창을 통해 보이는 항구와
방 안의 그림자를 동시에 찍은 것
- 자기가 극복해야 하는 것은
바로 자기 자신이다

V - 2
성불(成佛)하심(1)

보살은 이제 일체의 장애를 항복 받으셨다. 그 장애를 흔히 마아라(Māra)라고 표현하는데, 악마·방해꾼의 뜻으로 해석한다. 보살이 항복 받았다는 마(魔)의 성격을 다시 한번 정리하면 권력의 문제·애욕의 문제·의지(意志)의 문제·의식주(衣食住)의 문제·의타심(依他心)의 문제·공포심과 비겁함·위선(僞善)과 고집 등으로 볼 수 있는데, 수행할 때 반드시 만날 수밖에 없는 것들이다. 수행이 깊어질수록 점차 강하게 다가오는 것들로 일반 사람들은 별반 문제로 생각지 않는 경향이 강하다.

보살은 이미 이러한 세간의 다투는 마음을 항복 받아 자비심을 발하고, 나태와 혼란스러움을 항복 받아 업장을 소멸하였으며, 모든 것(일체법一切法) 가운데 걸림이 없는 청정한 마음을 내었다.

『숫타니파타』에서 부처님은 마군을 항복받는 내용을 설명하시면서, 일체 마라(魔羅)를 굽지 않은 토기(土器)에 비유하고 당신의 지혜를 물에 비유하셨다. 굽지 않은 토기는 물에 담그면 저절로 그 형태가 허물어져 흙으로 돌아가 버리듯 지혜를 만난 일체 마장은 저절로 소멸되는 것을 밝히신 것이다.

보살은 보리수 아래에서 초선(初禪)의 경지에서 제4선(第四禪)의 경지까지 이르게 되는데 , 그 경지를 보면 다음과 같이 설명된다.

⊙ **초선(初禪, 第一禪)** - 청정한 눈으로 분별하여 선한 법과 악한 법을 관찰함으로써 욕망과 여러 악한 법을 제어하고 맑은 선법 속에 들어가 제1선(第一禪)을 증득함.

⊙ **제2선(第二禪)** - 다시는 악에 물들지 않게 되자 스스로 마음이 열리어 선악(善惡)의 분별관(分別觀)을 버리고 오직 적정한 삼매의 기쁨 속에서 제2선(第二禪)을 증득함.

⊙ **제3선(第三禪)** - 선악(善惡)의 분별을 떠난 기쁨을 버리고, 대상과 스스로의 마음 작용에 대하여 의도와 욕구를 모두 여의자, 몸과 마음의 괴로움이 모두 제거되어 없어지고 편안함과 선정의 기쁨이 커지는 제3선(第三禪)을 증득함.

⊙ **제4선(第四禪)** - 괴로움에 얽매이거나 즐거움에 안주하지 않고 무고무락(無苦無樂)의 경지도 모두 버리고, 이윽고 평상심이 유지되고 더 이상 괴로움과 즐거움의 분별도 사라지는 선정의 단계인 제4선(第四禪)에 이르게 된다. 이때 비로소 세상을 바로 보는 지혜가 발현된다.

이제 보살은 경계를 분별하던 모든 업장으로부터 벗어나 청정한 마음으로 경계의 벽을 넘어 장막에 가리었던 세상의 실체를 참답게 꿰뚫어 보게 되었다. 이것이 모든 존재의 참다운 모습인 제법실상(諸法實相)을 체득한 경지이다.

초저녁에 천안통(天眼通)을 증득하신 보살은 지옥·아귀·축생·수라·인간·천상의 중생들이 받는 인과의 세계를 살피신 후, 크게 가엾이 여기는 마음을 내어 탄식하셨다.

"아! 중생들의 세계는 실로 모든 것이 고통일 뿐 즐거움이 하나도 없구나."

한밤중에 이르러 모든 존재의 지나온 과거와 미래를 꿰뚫어 보는 숙명지통(宿命智通)을 증득하신 보살은 자신과 타인의 나고 죽는 삶의 과정과 하나의 생명에서 시작하여 우주 생성의 모든 시간대를 통하여 모든 존재들이 성(成-이루어짐)·주(住-유지됨)·괴(壞-허물어짐)·공(空-빔)의 과정으로 변화하는 것을 모두 관찰하여 확연히 아시게 되었다.

다음으로 보살은 생로병사(生老病死)하는 윤회의 고통 속에서 헤어나지 못하는 중생들을 살피고, 그 원인을 찾아 중생을 윤회의 고통으로부터 해탈시킬 방법을 관하셨다. 이윽고 노(老)·병(病)·사(死)는 생(生)으로 인해 있으며, 생(生)은 유(有)·취(取)·애(愛)·촉(觸)·육처(六處)·명색(名色)·식(識)·행(行)을 거쳐 무명(無明)으로 인하여 비롯된 것임을 살피셨다.

보살은 인간 삶의 열두 고리의 연관(十二因緣)을 처음부터 끝까지 생성하는 순서대로 관찰하시고(순관順觀), 다시 소멸시키는 방법을 관찰하셨다(역관逆觀).

보살은 인연법을 관찰하시니

이른바 저것이 생김으로 인해 이것이 생기고,
저것이 있음으로 인해 이것이 있으며,
저것이 멸함으로 인해 이것 또한 멸하고,
저것이 없음으로 인해 이것 또한 없다.

곧 무명으로 인해 제행이 일어나고,
이윽고 모든 고통이 생겨나며,
무명이 소멸되면 인간의 고통도 소멸되는 것이다.
만약 청정한 눈과 행이 있어 세간을 관하면
곧 이렇게 서로 생멸함을 보리니,
곧 모든 법이 인연임을 알리라.

▲ 보드가야 대탑의 부조
 - 어둠이 탑에 내리니 부처님께서 빛을 나투셨다

V-3
성불(成佛)하심(2)

보살은 새벽녘이 되자 번뇌가 다 사라져 버린 누진신통(漏盡神通)을 증득하시고, 고(苦)·집(集)·멸(滅)·도(道)의 사성제(四聖諦)로써 생사고통의 사슬을 끊고, 모든 중생을 제도할 신통을 체득하셨다.

그때에 보살은 동쪽하늘의 새벽별을 보는 순간 최고의 깨달음인 무상정등정각(無上正等正覺)을 증득하시고, 큰 소리로 세상에 알리셨다.

"이제 어둠의 세계는 타파되었다.
내 이제 다시는 고통의 윤회에 들어가지 않으리.
이것을 고통의 최후라 하며
이제 여래의 세계를 선포하노라."
　　　　『방광대장엄경』

"지난 옛적에 지은 공덕 그 이익으로

마음에 생각한 것 다 이루었네.

빠르게도 그 선정의 마음을 증득하고

저 열반의 언덕에 이르렀네.

이미 모든 괴로움 다 없애고

일체 모든 죄를 다 제거해 없앴네."

　　　　『불본행집경』

V · 깨달음 - 수하항마상(樹下降魔相)

▲ 부처님께서 새벽별을 보시는 순간 당신 안에 있는 별을 보셨다
　- 방혜자 선생 작품

이상이 부처님께서 성도하신 날 밤에 일어난 상황 설명이다. 그러나 이 극적인 이야기 속에는 후대에 이루어진 체계적 교리가 들어가 있기 때문에 그 부분에 대해서는 다음에 자세한 설명을 하기로 한다. 또한 분명하게 짚어 둘 것은 부처님의 깨달음 그 자체는 설명되어 있지도 않고, 또 설명될 수도 없는 것이다. 다만 설명하려고 애쓸 따름이다.

『묘법연화경(妙法蓮華經)』[방편품(方便品)]에서는

'더없이 큰 과보와 갖가지 본성과 형상의 뜻은 나와 시방의 모든 부처님들만 능히 알고 있을 뿐이니 이 법은 남에게 보일 길 없고, 언어로 표현할 길이 끊어져, 현명하거나 어리석거나 중생으로서는 능히 이해할 수 없음이라.'고 표현했다.

『원각경(圓覺經)』[보안보살장(普眼菩薩章)]에서는

'보살과 말세중생이 환(幻-허깨비)을 파악하여 그 환의 허물로 파노라마처럼 펼쳐지는 영상이 사라져 버리게 되면 원각의 청정함에 이른다. 그 깨달음이 원만하고 밝으므로 마음의 청정이 나타나고, 마음이 청정하므로 보이는 경계가 청정하고 감각기관이 청정하며 인식이 청정하다. 각성(覺性-깨달음의 성품)은 청정하고 평등하며 온 법계에 가득하다.

여기서는 더 이상 닦을 것도 없고 성취할 것도 없으니 원각(圓覺-완벽한 깨달음)이 널리 비치고 적멸해서 차별이 없다.

이 가운데에서는 갠지스 강 모래알 수 같은 부처님 세계도 공화(空華-허공의 꽃-실체가 없이 일어나는 것)가 어지럽게 일어나고 스러지는 것 같아 생사와 열반이 지난밤 꿈과 같은 줄 알 것이다.

생사와 열반이 일어나는 것도 없고 없어지는 것도 없으며, 오는 것도 없고 가는 것도 없다. 증득된 바가 얻을 것도 잃을 것도 없으며, 취할 것도 버릴 것도 없다. 증득하는 사람도 없고 증득되어지는 경계도 없어 모든 법의 성품이 평등하여 무너지지 않는다.'고 비교적 자세하게 설명하고 있다.

그렇다면 선사(禪師)들의 경우는 어떻게 설명하는가 보자.

영가 현각선사(永嘉玄覺禪師)의 [증도가(證道歌)]의 앞부분이다.

군불견 君不見 가.
절학무위한도인 絶學無爲閑道人 은
부제망산불구진 不除妄想不求眞 이라.

그대 보지(깨닫지) 못하는가.
배움을 넘어선 한가한 도인은
망상을 없애지도 참됨을 구하지도 않느니라.

V · 깨달음 - 수하항마상(樹下降魔相)

무명실성즉불성 無明實性卽佛性 이요,

환화공신즉법신 幻化空身卽法身 이로다.

무명(번뇌의 핵심)의 참 성품 곧 불성이요,

허깨비 빈 몸이 곧 법신(진리의 몸)이로다.

법신각료무일물 法身覺了無一物 하니

본원자성천진불 本源自性天眞佛 이로다.

법신 깨달음에 한 물건 없나니

본래 근원인 자성이 천진불(본래부터의 부처)이로다.

[중략]

방사대막파착 放四大莫把捉 하고

적멸성중수음탁 寂滅性中隨飮啄 이어다.

사대(육체에 대한 집착)를 놓아버려 붙잡지 말고

적멸한 성품으로 마시고 먹을지라.

제행무상일체공 諸行無常一切空 하니

즉시여래대원각 卽是如來大圓覺 이로다

모든 행 무상하여 일체가 공하니

이것이 곧 여래의 큰 원각(완벽한 깨달음)이로다.

영가대사는 비교적 간결하고 명쾌하게 제시하셨다. 그러나

뒤에서 "막장관견방창창(莫將管見謗蒼蒼)하라", 즉 '좁은 소견

▲ 부처님께서 깨달음을 이루시니 이미 그 어떤 어둠도 없게 되었다

으로 함부로 비방치 말라.'고 경고하셨다.

흔히 부처님께서 깨달으신 것을 연기법이라고 간단히 이야기한다. 그러나 이 연기법을 깊이 통찰함으로써 생사윤회를 벗어나고 고통에서 해탈하는 해법은 될지언정 부처님의 깨달음 그 자체는 아니다.

이미 앞에서도 언급했듯이 언어로 표현할 수도 없는 경지면서 동시에 마음으로도 헤아려 아는 경지가 아니다.(언어도단言語道斷 심행처멸心行處滅)

사람들은 부처님의 삶이 어떠한지 설명이라도 듣고 싶어 한다. 그래서 열반(깨달음)의 네 가지 덕목(열반4덕涅槃四德)이 설명된다.

⊙ **상(常)** - 중생의 세계는 쉼 없이 변하는 무상(無常)이지만,
　　　　　열반의 세계는 심리적 변화를 넘어선 불변이다.
⊙ **낙(樂)** - 중생의 삶은 괴롭지만, 열반의 세계는 즐겁다.
⊙ **아(我)** - 중생이 집착하는 나는 진정한 자기가 아니나(무아無我),
　　　　　열반의 세계는 참된 주인공의 세계이다.
⊙ **정(淨)** - 중생의 감정이나 삶의 방식은
　　　　　번뇌로 오염된 세계이나(염染),
　　　　　열반의 세계는 번뇌를 벗어나 청정하다.

▲ 어둠과 밝음의 경계는 누가 정한 것인가?

V-4
깨달음의 경지에서 중생을 관함

부처님은 정각을 이루신 후 보리수 아래를 칠일마다 옮기길 일곱 번 하시면서 해탈의 법열을 즐기신다. 49일이 지나는 동안 부처님께서는 이 해탈의 기쁨으로 양식을 삼아 어떤 음식도 드시지 않은 채 증득한 깨달음과 중생들을 살피셨다.

『과거현재인과경(過去現在因果經)』에서는

'나는 이곳에 있으면서 온갖 번뇌를 다하고 할 일을 다 마쳤으며 본래의 원이 원만히 이루어졌는데, 내가 깨달은 법은 매우 깊고 어려워서 오직 부처님만이 알 수 있을 뿐이다. 일체중생들은 오탁[1]의 세계에서 탐(貪)·진(瞋)·치(癡)·사견(邪見)·

---

1) 불교의 말법(末法)사상에서 특히 말세에 나타나는 5종의 혼탁.

　① 겁탁(劫濁)-시대의 혼탁·전쟁·전염병·기근 등.

　② 견탁(見濁)-사상의 혼탁, 즉 그릇된 견해·사상이 만연해지는 것.

　③ 번뇌탁(煩惱濁)-인간 개개인의 탐욕·분노 등으로 세상이 탁해지는 것.

　④ 중생탁(衆生濁)-인간의 자질이 저하되어 사회악이 증가하는 것.

　⑤ 명탁(命濁) 혹은 수탁(壽濁)-환경이 나빠져 중생의 수명이 점차 짧아지는 것.

　　이 같은 말기적 현상을 드러내는 시대를 오탁악세(五濁惡世)라고 한다.

교만(驕慢)·아첨(阿諂) 등에 막히고 가려서 박복하고 근기가 둔하여 지혜가 없는데, 어찌 내가 깨달은 법을 알 수 있겠는가. 내가 만약 법륜을 굴리게 된다면 그들은 반드시 혼동이 되어 믿지 못하고 비방하며, 장차는 나쁜 길에 떨어져서 여러 고통을 받으리니 나는 잠자코 열반에 들리라.'고 서술하고 있다.

이것은 정각에 이르는 길이 결코 쉽지 않음을 일깨워 준다. 중생들이 자신의 삶에 대해 되비춰 보고 그릇된 것이라는 것을 알아차릴 때에만 새로운 삶에 대한 가르침이 가능한 것임을 보여 준다. 부처님은 사람들이 가르침을 쉽사리 받아들이지 않을 것이라는 사실을 익히 알고 계셨던 것이다. 그것은 오직 당신의 수행 과정을 통해 경험한 결과, 생각의 전환이 얼마나 어려운 것이냐는 것에 따른 판단이지 결코 사람들을 무시한 것은 아니다. 이것을 상징하는 이야기가 경전에서 보인다.

부처님께서 정각을 이루시고 보리수 아래 사자좌에 앉아 계실 때, 한 바라문이 부처님께 다가와 물었다.

"고타마 사문이시여! 무엇을 일러 바라문이라고 하며, 어떠한 것이 바라문의 법이오?"

부처님께서 말씀하셨다.

▲ 가르침을 듣고는 믿지 않고 떠나는 자도 있다
 - 미얀마 불화

"일체의 모든 악한 죄업을 소멸함을 바라문이라 합니다. 아첨하고 교만한 마음을 떠나 청정한 마음을 가질 것이며, 몸으로는 모든 청정한 행을 할 것이며, 입으로 말하는 것 또한 그러한 것이 바라문의 법입니다. 능히 모든 것에 탐욕을 끊어버린다면 이것을 일러 바라문이라고 할 것입니다."

이 말씀을 들은 바라문은 비웃으며 떠났다.

이것을 현실적으로 이야기해 보자.

"주지니 총무원장이니 하는 자리에 의해 훌륭한 스님이 되는 것이 아닙니다. 박사 학위나 교수라는 직분에 의해 훌륭한 학자가 되는 것이 아닙니다. 사장이니 회장이니 하는 명함으로 성공한 사업가라고 할 수 있는 것이 아닙니다. 대통령이니 장관이니 하는 자리에 의해 성공한 정치인이 되는 것이 아닙니다."라고 한다면 과연 쉽게 인정할 사람이 몇이나 되겠는가?

부처님께서 사람들이 당신의 가르침을 쉽게 받아들이지 못할 것이라는 것을 알고 계셨던 것이다. 하지만 이런 부처님의 판단을 두고 중생제도를 포기하려 했다고 속단해서는 안 된다. 중생 교화에 관한 한 그것은 부처님의 본원(本願)에 해당되는 것이며, 결코 포기할 성질이 아닌 것이다. 다만 그만큼 교화가 어려울 것이라는 점을 밝힌 것이라고 보면 좋겠다.

여기 다시 마왕 파순의 속삭임이 있다.

"당신께서 생사윤회를 넘어 깨달음에 이르렀다면 이제 그만 열반에 드심이 좋을 것이오. 다른 사람들을 일깨우려 해도 그들은 어리석어 오히려 그대를 비난하리니, 혼자 해탈의 법열을 즐기다 열반에 드심이 좋을 것이오."

이것은 중생 교화가 쉽지 않을 것이라는 확인이며, 그에 따른 부처님의 결론은 다음과 같다.

"나는 본래 서원을 세워 모든 중생들을 이롭게 하려고 큰 깨달음을 구하여 한량이 없는 겁 동안 애써 덕을 쌓았고, 이제 큰 도를 성취했노라. 그러나 일체중생이 나의 법 가운데서 아직 이치와 이익을 얻지도 못했거늘 어찌 속히 열반에 들라 하느냐. 또 묘한 법을 아직 말하지 못했고, 세간에 삼보(三寶)가 아직 갖추어지지 못했으며, 중생이 아직 조복되지 못했고, 한량없는 보살들이 아직 무상정등정각(無上正等正覺)의 마음을 내지도 못했거늘 어찌 열반에 들라 하느냐.

나의 열반은 아직 그 시기가 이르지 않았노라. 나는 대지와 저 천상과 인간이 모두가 해탈을 증득하기를 기다리고 있노라. 나는 그때에 비로소 열반에 들리라."

부처님께서 수많은 중생들의 염원을 결코 잊지 않으셨다. '민심이 곧 천심'이라는 말이 있듯이 중생들의 염원은 범천(梵天)이 진리를 설하시길 청하는 내용으로 나타나고 있다.

"세존이시여, 먼 옛날로부터 무수한 생사고해에 머물면서 보시를 함으로써 도를 구하신 것은 오로지 중생을 위하는 자비심에서 나온 것이었습니다. 지금 세존께서는 비로소 위없는 도를 이루셨는데, 어찌하여 침묵을 지키며 법을 설하시지 않나이까?

AFTER ENLIGHTENMENT LORD BUDDHA SPENT THE SEVENTH WEEK HERE IN MEDITATION. AT THE END OF MEDITATION, TWO MERCHANTS-TAPUSSA AND BHALLIKA OFFERED RICE CAKE AND HONEY TO THE LORD AND TOOK REFUGE-BUDDHAṂ SARANAṂ GACCHĀMI, DHAMMAṂ SARANAṂ GACCHĀMI (SANGHA WAS NOT FOUNDED THEN).

▲ 보드가야 보리수에서 좀 떨어진 곳에 있는 팻말에는
부처님께서 칠일씩 일곱 번을 옮겨 삼매에 드셨는데,
이곳이 마지막 장소라고 적고 있다

중생들은 오랜 세월 동안 수렁에 빠지고 무명의 암흑 속에 떨어져 있어서 뛰쳐나올 기약이 없습니다.

그러하오나 많은 중생들 가운데에는 지나간 세상에 선한 벗을 가까이하여 덕의 바탕을 쌓아 부처님의 법을 듣고 받아 지닐 만한 사람들이 있나니, 법의 바퀴를 굴리소서."

▲ 산치대탑에 있는 부처님의 족적에는 법륜 문양이 뚜렷하다

VI. 초전법륜(初轉法輪 - 처음 가르침을 펴심)

- 녹원전법상(鹿苑轉法相)

Ⅵ・초전법륜(初轉法輪-처음 가르침을 펴심) - 녹원전법상(鹿苑轉法相)

부처님일대기를 팔상성도로 구분할 때, 우리는 이미 일곱 번째의 '녹원전법상(鹿苑轉法相)'에 이르렀다.

석가모니부처님께서 세상에 머무신 기간이 80세라고 할 때, 29세에 출가하시어 35세에 성불하시고, 80세에 '무여열반(無餘涅槃-흔히 육체까지 소멸된 열반이라고 해석함)'에 드셨다는 것이 인정되니, 처음 가르침을 펴신 때로부터 교화를 하신 삶이 45년에 이른다. 그런데 부처님의 일대기를 다루고 있는 대부분의 경전이 이 45년간에 대해서 거의 생략하고 있거나, 아니면 몇 가지 사건을 다루는 정도이다. 앞에서 소개한 경전 중에서는 『불본행집경(佛本行集經)』과 『붓다차리타』가 대체로 자세한 편에 속한다.

그러나 이와 같은 구성이 크게 이상할 것이 없는 것은 부처님의 가르침이 수많은 경전으로 자세히 소개되고 있기 때문이며, 내용상으로는 대부분의 경전이 교화의 장에 속한다. 그리고 일대기에서는 결정적인 성격을 띤 사건 중심으로 살펴보는 것이 훨씬 적절할 수도 있기 때문이다.

이러한 전통적인 방식에 따라 여기서도 몇 가지 중요한 사건을 중심으로 살펴 가기로 한다.

◀ **녹야원에서 5비구에게 최초로 설법하시는 모습**
- 해인사 팔상탱 녹원전법상

241

정각(正覺)을 이루신 후 49일을 보리수 아래에서 보내신 부처님께서는 이윽고 당신께서 이르신 깨달음의 경지를 다른 사람에게도 열어 보이고, 그 세계에 들게 하려는 결심을 확고히 하신 후 그 대상을 생각하시게 된다.

왜 부처님께서는 대상을 찾으신 것일까? 일체중생을 제도하셔야 할 부처님께서 중생들에 대해 차별을 두신 것일까?

부처님께는 차별하는 마음이 없다. 그러나 중생에게는 차별이 있다. 깨달음을 이루신 후 보리수 아래에서 처음 만났던 바라문은 부처님의 깨달음을 전혀 인정하지 않았던 것이다.

인도에서 생활을 했거나 인도에 대해 공부한 이들이라면 잘 알 것이다. 인도는 유난히 신에 대한 신앙심이 강하다. 지금도 신에 대한 신앙은 거의 절대적이며, 부처님께서 세상에 계셨던 시대에는 훨씬 더 심했을 것이다. 물론 여러 사상가들이 많이 있었던 것도 사실이지만, 부처님께서 깨달으신 내용을 받아들일 정도는 아니었다. 지금도 인도 사람들은 부처님을 수많은 신들 중의 한 분이라고 생각한다는 것이다.

이미 굳어질 대로 굳어져 있는 기존의 사상과 신앙의 현실을 감안했을 때, 완전히 새로운 가르침을 누가 과연 받아들일 수 있을까를 생각하신 것은 어쩌면 너무나 당연한 일이었는지 모른다.

■ 거북이와 우물 속의 개구리

세상을 오래 살며 많은 것을 두루 알고 있는 거북이가 육지에 올라와 구경을 하다가 한 우물가에 이르러 개구리를 만나게 되었다. 이 개구리는 평생을 한 우물에서 살면서 다른 곳에 가 본 일이 없었다.

개구리가 거북이를 보고 말했다.

"당신을 내 왕국에 초대합니다.

이곳에서 나와 함께 지내지 않겠습니까?"

"고맙지만 내가 살기에는 너무 좁은데요."

"무슨 말씀! 이 왕국은 내가 놀기에 충분한 물이 있고 먹이도 있답니다. 심심하면 물가의 바위에 올라가 쉬기도 하고, 밤이면 달과 별을 볼 수도 있답니다. 이보다 더 멋진 곳이 어디에 또 있겠습니까?"

"나는 바다에서나 살 수 있지,

이런 작은 우물에서는 살 수가 없답니다."

"아니 바다라니, 이보다 더 큰 세계가 있단 말입니까?"

"그렇습니다. 내가 수백 년을 살았지만

아직 끝까지 다 가 보지 못한 바다라는 것이 있답니다."

"세상에 그런 거짓말이 어디 있습니까?

그것은 당신이 지어낸 말임에 틀림없습니다."

"당신이 믿거나 말거나

어마어마하게 넓은 바다라는 것이 있답니다."

▲ 걸어가시며 사람들과 대화하시는 부처님
 - 인도 델리 국립박물관 소장

■ 거북이와 물고기

　세상 구경을 하고 바다로 돌아온 거북이를 보고 물고기가

물었다.

　"한동안 보이질 않던데, 어딜 다녀왔습니까?"

　"육지에 바람 쐬러 갔다 왔습니다."

　"육지라는 게 무엇입니까?"

　"물 밖에 나가면 산도 있고 들도 있고,

　사람도 있고 큰 도시도 있답니다."

"가만, 물이라니, 물은 또 무엇입니까?"

"우리가 있는 이곳이 바로 물입니다."

"그런데 왜 나는 물을 볼 수 없지요?"

거북이로서는 바다를 본 적도 없는 개구리에게 바다를 설명하는 것이 난감했을 것이고, 물 바깥에 나가보질 않았기에 자신이 계속 물속에 있었다는 것을 모르는 물고기에게 물을 설명한다는 것이 쉽지 않았을 것이다.

부처님께서는 당신이 깨달으신 새로운 경지를 받아들일 수 있는 사람들을 생각하셨다. 이제까지 당신이 만났던 사람들 중에서 가장 현명한 사람들은 '알라아라 까알라아마'와 '웃다까 라아마뿟따'였다.

'그들은 극히 교묘한 지혜와 총명하고 세심함을 성취했으므로 비록 조금 번뇌가 있으나 얽힘이 엷은 뛰어난 자질이니, 그들에게 처음 법을 설하리라.'

그러나 두 사람이 이미 이 세상 사람이 아님을 아신 부처님께서는 안타까워하셨다.

'아! 안타깝구나. 이런 좋은 법을 듣지 못하는구나. 만약 이런 법을 듣기만 했던들 깨달음을 증득했을 것인데, 또다시 윤회의 고통을 받게 되었구나.'

다음으로 6년 동안 곁에 머물다가 마지막에 떠나간 다섯 수행자를 생각하셨다.

'다섯 수행자는 지난날 나에게 큰 도움을 주었으며, 내가 고행할 때 나를 섬겼도다. 그들 수행자는 모두 청정하고 지혜가 날카로워, 나의 최초 설법을 듣고 받들어 어기지 않으리라. 나는 이제 다섯 사람에게 가서 최초의 설법을 하리라.'

최초 설법의 대상을 정하신 부처님께서는 천안(天眼)으로 다섯 수행자가 바라나시의 사르나트(Sarnath)에 있는 녹야원(鹿野園-사슴동산. 오래 전부터 고행림苦行林처럼 수행자들이 많이 모였던 곳으로 생각됨)에 머물고 있음을 아시고 여행을 떠나시게 된다.

『니다아나 까타아』의 기록으로는 아사르하월(인도력의 6~7월)의 14일 새벽에 출발하셨다. 붓다가야(보드가야)에서 바라나시까지의 직선 거리는 약 200여Km정도라지만 부처님께서 실제로 걸어가신 거리는 훨씬 먼 거리였을 것이다. 2000년 전후만 하여도 버스로 7~8시간 정도 소요되었다고 한다. 소요된 시간에 대해서는 경전마다 약간씩 다른데, 5세기 무렵에 성립된 『마하바스투』에 의하면 칠일 간 여행하신 후 도착하신 것으로 되어 있다.

이 여행 중에는 두 가지 사건이 있었다.

▶ 부처님께서 언제나 손을 내밀어 교화하려 하셨다
- 아잔타 벽화

Ⅵ · 초전법륜(初轉法輪 – 처음 가르침을 펴심) – 녹원전법상(鹿苑轉法相)

VI - 1
우파카와의 만남

부처님께서는 보리수를 떠나 전타라촌에 이르시고, 다시 순타사티라 마을에 이르자 걸식하는 '우파카'라는 바라문을 만나셨다.

우파카는 부처님께 질문을 했다.

"어지신 이시여! 당신은 몸이 매우 청정하고 때묻음이 없습니다. 당신의 얼굴은 원만하고 또 매우 장엄하여 모든 이목구비가 고요하고 평화롭습니다. 당신은 누구를 스승으로 삼았으며 누구를 따라 출가하였으며, 마음으로 즐기는 것은 누구의 법입니까?"

부처님께서는 걸어가시며 그에게 답하셨다.

"내 이미 모든 세간을 항복 받고서 구족하게 갖가지 지혜를 성취하였습니다. 세상 어떤 것에도 염착하지 않고, 일체 애욕의 그물을 벗어났습니다. 일체의 천상과 인간 가운데 오직 나만이 모든 마군을 항복 받았습니다. 나는 스승이 없이 안으로 스스로 깨쳐서, 세간에 다시 짝할 이가 없습니다.

그리고는 게송을 읊으셨다.

"천상과 인간 중에 오직 내가 홀로 높아,

몸과 마음 청정하여 해탈을 얻었네.

일체 통달할 수 있는 것은 모두 통달하고,

증득할 수 있는 것은 이미 증득하여 알았네.

편안할 곳에 이미 머물렀나니,

그러므로 나를 세상에서 높은 이라 말하네.

마치 흰 연꽃이 물 가운데 있어도 물에 젖지 않듯이

내가 세간에 있음도 그러하여

일체 세간에 더럽혀지지 않나니,

이런 까닭에 나는 불타라고 하노라."

이때 우파카 바라문이 다시 부처님께 물었다.

"고타마시여! 이제 어디로 가려 하나이까?"

"내 이제 바라나시로 가고자 합니다."

"거기 가서 무엇을 하려 하나이까?"

"내 이제 묘한 진리의 수레바퀴를 굴리려 바라나시 성으로 갑니다. 어두운 중생들을 다 깨우쳐, 감로의 북을 치고 진리의 문을 열 것입니다."

그때 우파카는 "고타마시여!"라고 크게 부른 후 자신의 엉덩이를 손으로 두드리며 동쪽으로 멀어져 갔다.

여행을 떠나 최초로 대화를 나눈 사람은 출가사문이었다. 여기 등장한 '우파카'는 6사외도 중 사명외도(邪命外道)로 불리는 '막칼리 고살라'를 개조(開祖)로 하는 출가사문 집단에 속한다고 했다. 이 사명외도는 훗날 불교와 강하게 대립하는 외도이다. 숙명론자들이며, 고행을 중시한 집단이다.

우파카는 첫눈에 부처님이 뛰어난 수행자임을 알아보고 말을 붙이게 된다. 사람은 적어도 자기의 수준까지는 알아보는 안목이 생기기 때문이다. 그러나 질문의 내용이 관행을 벗어나지는 않는다. 그래서 "당신의 스승은 누구며, 어떤 가르침을 배웠느냐?"고 묻는다. 요즘 방식으로는 어느 대학에서 누구를 지도 교수로 하여 박사 학위를 땄느냐고 묻는 것이다. 그러나 젊은 수행자의 입에서는 너무나 엄청나서 받아들이기 어려운 답이 나온다. "나는 스승이 없습니다. 모든 것을 이겼고, 그래서 모든 경지를 증득한 내가 곧 부처입니다."

이 확신에 찬 말씀에 우파카는 머리를 흔들며 몇 마디 더 물어본다. "당신은 이디로 가서 무엇을 할 것입니까?" "나는 바라나시로 가서 진리를 설파하여 일체중생을 깨달음에 이르게 하는 일을 시작할 것입니다." 이 말에 우파카는 정신 차리라는 듯이 큰 소리로 "고타마시여!"라고 부른 후 자신의 엉덩이를 두드려 조롱하면서 멀어져 간다. 우파카는 이렇게 말하고 싶었을 것이다. '고타마시여! 제발 정신 차리시오. 겉모습은 참 좋아보였는데, 정신은 돌아 버린 것 아니오?'

부처님께서는 기존의 출가사문에게서 두 번째의 봉변을 당하신 것이다. 이것은 부처님께서 가르침을 펼 대상을 선택하실 수밖에 없었던 당시의 현실을 극적으로 보여 주는 것이기도 하다.

경전 속에서는 '인연이 닿지 않는 중생을 제도 교화하기 어렵다'는 내용이 있고, 또 '전혀 말이 통하지 않는 사람에게는 침묵으로 충돌을 피하라'는 가르침도 있지만, 이런 내용은 교화를 할 때의 마음가짐을 어떻게 할 것이냐는 것이지, 결코 교화를 포기하라는 뜻은 아니다.

◀ 부처님은 늘 친구가 되려고 하셨으나 상대는 다른 생각을 하는 경우가 많았다 - 아잔타 벽화

VI - 2
강을 날아 건너심

부처님께서 다음으로 만나는 사건은 갠지스 강에서였다.

부처님께서는 여러 마을을 거친 후, 이윽고 갠지스 강 기슭에 도달하셨다. 부처님께서는 뱃사공에게 강을 건널 수 있게 도와달라고 하셨다. 그때 뱃사공이 부처님께 말하였다.

"존자시여! 나에게 뱃삯을 준다면 건네 드리겠지만 뱃삯을 내지 않는다면 건네 드리지 못하겠습니다. 나는 오직 뱃삯으로 생활하며 처자를 양육하기 때문입니다."

부처님께서는 갠지스 강을 날아 건너는 새떼를 보시고는 당신께서도 그렇게 강을 날아 건너셨다.

여기서 최초의 기적을 보이신 것으로 되는데, 여러 경전의 내용으로 미루어 과연 신통으로 강을 건너셨을까 생각해 봐야 할 것이다. 뒷날의 이야기이긴 하지만 부처님께서는 신통이 뛰어난 목련존자 등에게 절대로 신통을 사용하지 말라고 하셨고, 또 과정에서 목숨이 위태로운 지경이었지만 타인들이 착각할까봐 신통을 사용하지 않으셨다는 기록이 있다.

▲ 강을 건넌다는 것은 상징이다
- 날아서 건넌다는 것은 더더욱 상징이다

그런데 이 경우는 많은 사람들이 있는 나루에서 마치 '하늘을 날아 강을 건너는 이것이 도이다'고 보여 주려는 모습이 아닌가. 그야말로 사람들로 하여금 착각을 일으키기에 너무나 적절한 경우가 되고 마는 것이다.

부처님께서는 뱃사공의 말을 인정하며 배 타는 것을 그만두신 듯하다. 그러나 갈 길을 포기하실 부처님은 아니시다. 짐작컨대, 갠지스 강변에 있는 나무들을 모아 넝쿨로 얽어 뗏목을 만드시고, 손수 강을 건너신 것으로 생각된다. 바로 이것이야말로 훨씬 더 부처님의 삶답기 때문이다. 땀을 흘리며 뗏목을 만드시고, 강물에 옷이 젖으면서 새처럼 유유히 강을 건너시는 부처님의 모습은 아마도 많은 사람들의 입에 오르내렸을 것이다. 그래서 훗날 이 소문을 들은 빔비사라왕은 '출가사문에게는 뱃삯을 받지 말고 강을 건너게 하라'는 명령을 내린 것이 아닌가 생각된다. 부처님께서 왕에게 부탁했을 리는 만무하니까! 오히려 중생 속으로 다시 오시는 부처님의 앞에 펼쳐지는 역경을 손수 해결하시는 부처님의 모습을 상징하는 것은 아니겠는가.

또 하나의 상징은 부처님께서는 이제 그 무엇에도 의지하지 않는 절대 자유의 해탈에 이르러 강을 날아 건너는 새처럼 자유자재한 경지에 이르셨으며, 아울러 고통의 강을 그렇게 건너셨음을 보여주는 것이리라.

▼ 다섯 수행자가 부처님을 맞이했다는
  녹야원 입구에 있는 차우칸디 탑(迎佛塔)

VI - 3
녹야원의 가르침(1)

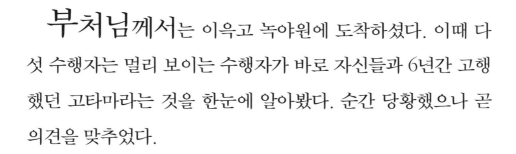

부처님께서는 이윽고 녹야원에 도착하셨다. 이때 다섯 수행자는 멀리 보이는 수행자가 바로 자신들과 6년간 고행했던 고타마라는 것을 한눈에 알아봤다. 순간 당황했으나 곧 의견을 맞추었다.

"저기 오는 이는 사문 고타마이다. 그는 고행을 포기하여 타락한 까닭에 선정을 상실하고 욕망에 얽매였다. 우리는 그를 공경하여 맞이할 필요도 없고, 그에게 앉을 자리를 권할 필요도 없다. 그러나 다만 그가 원한다면 앉는 것을 방해할 필요는 없다."

절대적으로 믿고 있었으나 고행을 포기했던 사람, 그리고 자신들이 비난하며 떠났던 바로 그 사문이 자신들에게 다가오는 것을 본 다섯 수행자는 아마도 흔쾌히 받아들이기가 어려웠을 것이다. 게다가 옛 고행자의 모습이 아닌, 신색이 여느 사람처럼 좋아져 있고 살도 적당히 쪄 있는 모습을 보며, '결국 그렇게 되었구나!' 하며 무시하기로 마음먹었을 것이리라. 다만 교진여(콘단냐)만은 다른 생각을 하고 있었던 것으로 경전에 기록하고 있는데, 이것은 교진여의 마음이 가장 먼저 열렸다는 것을 뜻한다. '혹시 정각을 이루신 것은 아닐까?'하고 생각했던 것 같다.

그때에 부처님께서는 조용히 다섯 수행자에게 다가가셨다. 부처님의 상호는 원만하고 몸은 황금색으로 빛나고 있었으며, 장엄한 산과 같이 크고 거룩한 덕이 있어 짝할 이가 없었다.

무시하기로 마음먹었던 다섯 수행자는 부처님께서 가까이 오실수록 자신들도 모르게 감화되어 편안히 앉아 있을 수가 없었다. 자신들도 모르게 모두 일어나 앉을 자리를 만들었고, 발우를 받고 물을 길어와 발을 씻어드리며 스승에 대한 예를 갖추어 인사를 드렸다.

"어서 오십시오, 장로 고타마시여. 이 자리 위에 앉으소서. 장로 고타마시여, 몸이 대단히 좋고 청정하오며, 상호가 원만하시고 광명이 구족하여 모든 근(根-감각기관) 이 청정하나이다. 장로 고타마시여, 이제는 미묘한 감로를 만났거나 거룩한 도를 얻으셨나이까?"

"그대들은 나를 고타마라 부르지 말라. 마땅히 여래(如來)라고 해야 한다. 왜냐하면 나는 이미 감로의 도를 발견하였고, 감로의 법을 증득하였기 때문이다. 나는 이제 부처로서 모든 지혜를 완전히 갖추었으며, 번뇌가 없어 마음에 자재를 얻었느니라."

예전에 6년이나 스승처럼 따랐던 이가 눈앞에 나타났다. 그 모습은 너무나 당당하여 끝내 무시할 수가 없는 어떤 힘을 느꼈을 것이다. 그리하여 정신없이 일어나 맞이하며 스승의 예로 대접하였으리라. 다섯 수행자의 입장에서는 별 진전이 없는 자신들의 고행에 대해 이끌어 주실 스승이 절실히 필요했

▼ 녹야원에서 다섯 제자에게 처음 법을 설하시는 광경
  - 키질 제 189굴 벽화

을 것이며, 자기들이 알고 있는 한도에서는 고타마보다 더 위대한 분이 없다는 것을 인정하지 않을 수 없었던 것 같다. 그래서 확연히 달라진 모습을 보면서 혹시나 하는 마음으로 "혹시 미묘한 감로를 만났거나 거룩한 도를 얻으셨나이까?" 하고 질문을 하게 되었으리라. 이에 대해 듣게 된 말은 "나는 부처가 되었으니 고타마라는 옛 이름으로 부르지 말라. 여래라고 해야 한다."는 것이었고, 이는 쉽게 받아들이기 어려운 답이었다.

따라서 다섯 수행자는 곧바로 받아들이지를 않았다. 그들은 의심을 떨쳐 버릴 수가 없었던 것이다.

"장로 고타마시여, 예전에 6년간의 극심한 고행을 하면서도 무상정등정각을 증득하지 못하였는데, 모든 성인들이 수행하였던 방법으로도 이루지 못하였는데, 하물며 장로께서는 고행을 버리고 육신의 욕망을 쫓아 선정을 잃고 게으름이 몸에 얽혀 있는데, 어찌 무상정등정각을 얻었다고 하십니까?"

그때에 부처님께서 말씀하셨다.

"그런 말을 하지 말라. 여래는 욕망에 끌리지 아니하며, 선정을 잃지도 않고, 또한 게으름이 몸에 밴 것이 아니니라. 그대들이 스스로 알리라. 내가 지난날에 사람들에게 헛되이 거짓말을 한 적이 있는가? 또 일찍이 내 모습이 이처럼 청정하고 원만하게 빛나던 때가 있었던가?"

"그렇지 않습니다, 존자시여."

부처님께서 다시 말씀하셨다.

"그대들이 만약 나의 가르침을 받고자 한다면 내 그대들에게 법을 설하리라. 그대들이 나의 가르침을 받아 지녀 따르고 청정히 수행한다면 곧 해탈의 즐거움을 얻으리라. 그대들이 만약 나의 가르침을 받고자 한다면 이제 조용히 설법 들을 준비를 하라."

부처님께서는 당신을 대할 때 '여래(如來)'로 호칭할 것을 말씀하셨다. 그러나 다섯 수행자는 아직 받아들이지 않는다. 여전히 '장로 고타마'로 부르고 있는데, 이는 명백히 부처님의 말씀을 거절한 것이다. 그뿐만 아니라 반박까지 하는 것이다.

'예전에 그토록 힘들게 했을 때도 불가능했던 깨달음이다. 우리가 이미 알고 있듯이 당신께서는 고행을 버리고 육체적으로 편안함을 취하고 수행을 게을리 했는데 어찌 정각을 이루었다고 할 수 있느냐'며 부정하고 나선 것이다.

그러자 부처님께서는 다시 설득하신다.

'그렇게 생각할 수도 있겠지. 그러나 잘 생각해 보라. 내가 언제 사람을 속이는 것을 본 일이 있는가? 그리고 나의 모습 또한 이처럼 평화롭고 빛나던 때가 있었던가? 나의 설법을 들으면 그대들도 나처럼 해탈에 이를 수 있는데, 손해 볼 것이 없지 않으냐. 자! 그대들의 마음속에 있는 의심을 제거하고 마음을 활짝 열어 보라.'

아마도 이후 긴 침묵이 있었을 것이다.

VI - 4
녹야원의 가르침(2)

부처님께서는 다섯 수행자와 함께 생활하시면서 그들의 마음속에 있던 관념의 벽이 허물어지길 기다리시며, 필요할 경우엔 대화를 나누는 방법을 취하신 것 같다.

부처님께서는 이미 두 사람의 바라문에게서 당신의 설명을 완전히 무시당하는 경험을 하신 후였다. 그러므로 먼저 당신의 고요하고 맑은 모습을 다시 보여줌으로써 제자들의 부정적인 생각이 사라진 후에야 비로소 마음이 열려 가르침을 받을 것임을 아셨던 것이다.

▼ 녹야원에 가시어 다섯 사람에게 가르침을 펴시는 부처님
　- 미얀마 불화

경전에 의하면 세 사람이 탁발하러 가면 두 사람은 부처님과 함께 이야기를 나누는 방식으로 가르침은 베풀어졌다. 그리고 그때 처음으로 설명된 것은 중도(中道)였다. 부처님께서는 '내가 깨달은 것은 이것이다'라고 설명하시는 것이 아니라, '어떻게 하면 깨달음에 이를 수 있는가'를 가르치신 것이다. 그것을 경전에서는 다음과 같이 요약하고 있다.

"수행자들이여, 출가수행자가 반드시 버려야 할 두 가지 장애가 있다.

첫째는 마음이 욕망의 경계에 집착하여 쾌락에 빠지는 것이다. 이는 자신의 감정이 내키는 대로 행동해 버리게 되고, 또한 어리석은 범부들이 찬탄하는 것으로, 출가자가 해탈에 이르고자 하는 목적에는 아무런 도움이 되지 않는 것이다.

둘째는 자신의 육체를 스스로 괴롭히는 것에 열중하여 고행으로 치닫는 것으로, 이는 이제까지의 모든 출가자가 행해 왔던 것이다. 그러나 정작 해탈의 길에는 아무런 이익이 되지 못할뿐더러 다른 사람들에게도 이익이 되지 않는 일이니 마땅히 버려야 한다.

나는 이 두 가지를 버리고 중도(中道)의 길을 깨달았다. 이 중도야말로 해탈에 이르는 길이니라."

부처님께서는 기존의 종교계와 사상계에서 범하고 있던 오류를 지적하시고, 수단을 목적시 해 버린 것 때문에 수단만을 강조한 나머지 양극단에 빠져 버렸다고 말씀하셨다. 예컨대 사람이 '행복한 삶'을 목적으로 하면서도 재물·명예·출세 등을 행복으로 착각하여 그것에 빠져 버림으로 인해 더 큰 고통을 초래한다거나, 아니면 반대로 자신을 지나치게 고통 속에 몰아넣음으로 인해 그 속에서 보람을 찾는다는 식으로 나아가서는 되지 않는다는 것이다. 이 두 가지 측면은 곧 목적이 아닌 수단에 빠져 버렸다는 것이다.

그렇다면 양극단에 치우치지 않는 중도는 어떻게 수행하는 것일까? 이에 대해 부처님은 다음과 같이 말씀하신다.

"수행자들이여! 중도란 무엇인가? 이는 여덟 가지 성스러운 바른 길을 말함이니, 치우치지 않는 살핌(정견正見), 치우치지 않는 사유(정사유正思惟 · 정분별正分別), 치우침이 없는 언어(정어正語), 치우침이 없는 행위(정업正業), 치우침이 없는 생활(정명正命-바른 직업이라고도 함), 치우침이 없는 노력(정정진正精進), 치우침이 없는 집중(정념正念), 치우침이 없는 마음의 통일(정정正定)이다. 이를 팔정중도(八正中道)라 하나니, 이처럼 수행하면 눈이 열리고 지혜가 드러나며, 마음의 평화에 이르러 열반을 증득하나니라."

부처님께서는 팔정도를 다음과 같이 정리하셨다.

▲ 첫 설법의 자리에 아소카왕이 세웠다는
다르마라지카 탑 기단부에서 티베트 스님이 탑돌이를 하고 있다

"이러한 여덟 가지 바른 길의 인연은

나고 죽는 공포를 제거해 멸하게 하나니

이미 모든 업을 다 제거해 멸하고 나면

길이 일체의 생을 다시 받지 않느니라."

　　중도로서의 팔정도를 설명하신 부처님께서는 고통을 극복
하는 수행법과 그 결과 등에 대해 말씀하시게 되는데, 그것이
바로 사성제(四聖諦)이다.

"수행자들이여! 지극한 마음으로 자세히 들어라.

네 가지 거룩한 진리가 있으니, 무엇이 네 가지인가?

괴로움이 무엇인가 하는 거룩한 가르침(고성제苦聖諦)과 괴로움의 원인이 무엇인가 하는 거룩한 가르침(고집성제苦集聖諦)과 괴로움의 소멸에 대한 거룩한 가르침(고멸성제苦滅聖諦)과 괴로움을 없애는 방법을 체득하는 거룩한 가르침(득도성제得道聖諦)이 있다.

무엇을 괴로움이라 하는가?

이른바 태어남의 괴로움(생고生苦), 늙음의 괴로움(노고老苦), 병드는 괴로움(병고病苦), 죽음(사死)·근심(우憂)·슬픔(비悲)의 괴로움, 사랑하는 이와 이별하는 괴로움(애별리고愛別離苦), 원수와 만나는 괴로움(원증회고怨憎會苦), 구하여 얻지 못하는 괴로움(구부득고求不得苦), 몸과 감정의 만족을 계속 채워야 하는 괴로움(오음성고五陰盛苦)이다.

무엇을 괴로움의 원인이라 하는가?

이른바 애착하는 것으로부터 갖가지로 마음이 움직이고, 욕심을 일으키며 갖가지로 헤아리는 것이다.

무엇을 괴로움이 사라진 것이라 하는가?

애착을 멀리 여의고 모두 멸해 없애어 터럭만큼이라도 남김

▲ 라오스 루앙프라방의 푸시 동산에 모셔진 초전법륜상

이 없으며, 마음과 마음으로 생각하는 일체가 적정인 것이다.

무엇을 괴로움을 벗어나는 방법이라 하는가?

이른바 정견(正見), 정사유(正思惟), 정어(正語), 정업(正業),

정명(正命), 정정진(正精進), 정념(正念), 정정(正定)이다."

이와 같은 가르침을 받은 이 중에 꼰단냐(빨리어, Koṇḍañña)가 가장 먼저 깨달음에 이르렀는데, 부처님께서 이를 크게 감격해 하시며 큰 소리로 꼰단냐가 깨달았다고 선포하셨다.

이후 깨달았다는 말을 앞에 붙여 아냐아타-꼰단냐(빨리어=Aññāta-Koṇḍañña, 범어= Ajñāta-Kauṇḍinya)가 되고, 이것이 한문 경전의 음역에는 '아야교진여'로 전해지게 되었다고 한다.

▼ 사르나트 녹야원의 다메크 스투파의 모습

VI. 삼보(三寶)의 완성

▲ 재불화가 방혜자 선생의 작품

VII - 1
삼보의 기틀이 이루어짐

부처님께서 녹야원에서 설법(說法-대화 형식이었을 것으로 추정)하시길 수개월이 지나 이윽고 꼰단냐가 먼저 깨닫고, 이어 밧파·밧타야·마하나마·아싸지가 차례로 깨달아 아라한이 되었다. 이때부터 다섯 사람은 새로운 호칭인 '비구'로 불리게 되는데, 산스크리트어의 빅슈(bhikṣu) 또는 팔리어의 빅쿠(bhikku)의 소리 옮김이다. 이 말은 '탁발하여 사는 수행자'라는 뜻이 있고, 나중에는 구족계(具足戒-250계)를 받은 남자출가자를 일컫는 말이 되었다. 뒷날 야쇼다라 등이 출가했을 때 이들을 비구니(bhikkunī, bhikṣunī)라 하여, 당시의 일반 출가자인 사문(śramaṇā 沙門)과 구분 지어 부처님의 제자에게만 사용되었다.

또 이들에게는 장로(長老)라는 호칭도 사용했는데, 범어(梵語) 아아유쓰만뜨(āyuṣmant)를 번역한 것이다. 다르게는 상좌(上座)·상수(上首)·수좌(首座) 등으로 한역되기도 하는 것으로, 출가한 지 오래된 비구나 혹은 대중의 존경을 받을 만한 경지에 있는 이에게 붙여진 칭호이다.

다섯 비구가 부처님의 제자로 깨달음에 이르게 되자 비로소
승단이 형성되는데, 이로써 부처님과 부처님의 가르침과 부처
님의 제자들인 삼보(三寶)가 이루어지게 되는 것이다.

▼ 부처님의 설법을 듣는 대중
  - 초기의 불교 조각상에는 부처님 자리에
    법륜이나 보리수를 두었음
  - 인도 델리 국립박물관 소장

VII - 2
일반인의 출가

부처님께서는 다섯 비구가 깨달음에 이르자 당신께서도 직접 탁발을 나가셨다.

어느 날 아싸지(Assaji, 산스크리트어로는 아쉬바지뜨-Aśvajit 이며 소리대로 아설시我說示로 한역)와 바라나시 성안으로 탁발을 나가셨을 때 한 청년을 만나게 되는데, 이 청년이 곧 야사(耶舍, Yaśas)였다. 야사는 구리가라는 큰 장자(長者-존경받는 큰 부자)의 아들로 부족함이 없이 인생을 즐기고 있었다. 이날도 네 마리의 말이 끄는 수레를 타고 동산으로 구경하러 가던 길이었다.

야사는 멀리 부처님이 오시는 모습을 보았다. 위의가 단정하고 걸음걸이가 침착하며, 몸은 완벽했고 눈부시게 빛나고 있었다. 야사는 '아! 세상에 이런 분도 계시구나.' 싶어 크게 감탄하여 자기도 모르게 수레에서 내려 부처님께 예를 올리고 물러갔다.[1] 야사는 곧 동산으로 수레를 몰아갔는데, 그 숲 속에서 죽은 여자의 시체를 보게 되었다.[2]

시체는 통통 부어서 막 썩으려 하고, 쉬파리와 구더기가 우글거리고 있었다. 야사는 지금까지 너무나 당연하게 생각하고 무심코 지나쳤던 일이었으나 조금 전에 만난 부처님의 빛나던 모습과는 너무나 대조적으로 느껴지면서 사색에 잠기게 되었다.

"이렇게 비참하게 죽어가고 냄새나며 썩을 몸에 무슨 즐거움이 있을 것이라고 애착하는 마음을 내고 스스로 게으름을 피우며 즐겁다는 생각을 낼 것인가."

집으로 돌아온 야사는 밤이 되자 매일 그러했듯이 잔치를 하다가 잠이 들었다. 밤중에 깨어난 야사가 여기저기 쓰러져 잠든 흐트러진 모습의 무희들을 보는 순간, 문득 낮에 본 시체가 떠올랐다.

야사는 정신없이 집을 뛰쳐나가 성을 벗어났고, 어느덧 발길이 바라나 강가에 이르렀다. 야사는 머리를 감싸 쥐고 강가에 뒹굴며 부르짖었다.

"참으로 두렵구나. 참으로 괴롭고 불안하구나."

· ·

1) 야사의 행위는 청정하고 거룩한 수행자에 대한 당시의 관행이었을 수도 있지만, 어쨌거나 야사가 부처님을 뵌 순간 받은 충격은 대단했던 것 같다.

2) 오늘날 우리로서는 이해가 잘 되지 않지만, 그 당시는 죽은 사람의 시체를 숲 속에 버리는 관행이 있었던 것으로 보인다. 경전에서도 '시체를 버리는 숲'이라는 표현이 있다. 요즘에도 갠지스에는 화장하고 미쳐 타지 않은 시체의 일부가 떠내려가는 것을 쉽게 볼 수 있으며, 그 옆에서는 아무렇지도 않게 많은 이들이 목욕하고 물을 마시는 것을 볼 수 있다고 한다. 어쨌거나 야사가 시체를 본 것은 처음은 아니었을 것이다.

바로 그때, 맑고도 부드러운 목소리가 들려왔다.

"어서 오너라. 그대 야사여! 이곳에는 두려움이 없으며 안락하고 자재로우니라."

야사가 고개를 들어보니 달빛에 황금처럼 빛나는 부처님, 바로 낮에 본 그 분이 강 건너에 계시지 않는가. 야사는 자석에 끌려가는 쇠붙이처럼 신을 벗어버리고 강물 속에 뛰어들어 부처님이 계신 건너편으로 갔다. 부처님을 두 번째로 친견하고 그 맑고 평화로운 모습과 음성을 들은 야사는 '이분이야말로 나의 괴로움을 없애 주실 분'이라는 확신을 갖게 된다.

부처님께서는 야사를 옆에 앉힌 후 조용히 말씀하셨다. 그때의 일을 경전에서는 다음과 같이 요약하고 있다.

부처님께서는 야사를 위하여 차례로 법을 설하셨다. 이른바 보시의 행과 지계의 행을 설하시고, 다음에 하늘세계에 태어나는 인연의 행을 설하셨다. 그리고 욕망으로 인하여 죄악과 번뇌에서 벗어나지 못하면 더 큰 문제가 이어짐을 말씀하셨으며, 출가의 뛰어난 이익과 공덕에 관한 말씀을 하셨다.

야사는 부처님 말씀을 듣고 마음이 활짝 열려 법을 받아들일 준비가 되었다.

부처님께서는 이윽고 사성제를 설하셨고, 야사는 흰 옷이 물

감을 그대로 받아들이듯 부처님의 가르침을 받아들여 마음의
눈이 열리고 깨달음을 얻었다.

　이리하여 일반인으로서 최초로 출가한 제자가 나왔다.[1]

··

1) 이 사건이 하룻밤에 완성된 일이라고는 보기 어렵다. 아마도 출가하여 무
　 수한 밤을 통해서 깨달음에 이르게 되었을 것이다. 그러나 어쩌면 기존의
　 사상에 오염이 되지 않았기에 오히려 빠르게 깨달을 수도 있다.

▼ 부처님께서 참된 길을 여쭙고 있는 젊은이 - 미얀마 불화

야사가 안고 있던 문제는 바로 부처님께서 출가 전에 안고 있었던 문제와 같았던 것 같다. 야사가 충격을 받은 사건들이나 괴로워하는 내용이 부처님의 태자 시절과 비슷하게 설명된 점을 보면 짐작할 수 있겠다. 부처님께는 바로 이끌어주실 스승이 없었지만, 야사는 부처님을 만나는 행운을 얻은 것이다. 그러므로 야사는 출가하자마자 마음의 평화를 얻게 된다.

야사가 출가하여 부처님의 제자가 된 것은 하나의 사건이었다. 이미 다섯 제자가 있긴 했으나 이들은 6년간이나 같이 고행한 처지였고, 정신적 차원이 가르침을 받아들일 수 있는 상태였다. 그러나 당시 일반인으로는 이 새로운 가르침을 쉽사리 받아들이기 어려웠을 것이다.

경전을 볼 때마다 느끼는 일이지만, 부처님은 대단한 설득력을 지니신 분이다. 때로는 정연한 논리로 이끄시는가 하면 때로는 충격적인 방법을 쓰시고, 때로는 긴장을 이완시키면서 적절하게 이끄신다. 이를 선교방편(善巧方便)이라고도 하고 또 차제설법(次第說法)이라고도 한다.

이 선교방편의 한 예로 산신 신앙을 들 수 있다. 우리나라에서는 산신에 대한 믿음이 유난히 강하여 부처님의 가르침을 받아들이기보다는 산신에게 기원하려는 심리가 강했다. 그래서 도량의 외진 곳에 산신각을 지어 산신 신앙을 인정하고 도량으로 오게 한 후에 점차 정법으로 인도하는 방법을 쓴 것이다.

상대방의 가치관을 인정해 준 후에 점차 그 장단점을 밝히고, 보다 나은 단계로 인도하는 방법이 차제설법이다. 이는 정법이라 할지라도 상대의 수준에 따라 쉬운 것에서부터 점차 핵심적인 내용으로 나아가는 방식이기도 하다.

부처님께서는 바라문의 기존 가치관을 곧바로 부정하여 낭패를 본 경험이 있다. 아무리 좋은 가르침도 상대방의 마음이 열리지 않으면 소용이 없음을 아신 것이다. 그래서 야사에게는 차제법문을 하셨다. 기존의 세속적 가치관에서 출발하여 이윽고는 출가 생활, 즉 수행의 기쁨과 큰 이익을 말해 주어 마음이 열리게 한 후에 사성제를 말씀하신 것으로 되어 있는 것이다.

VII - 3
재가 신자

야사의 출가로 크게 두 가지 변화가 일어나는데, 청년들이 한꺼번에 출가하는 일과 재가신자가 생긴다는 것이다.

최초의 재가신자로 삼보에 귀의한 인물은 야사의 아버지였다.

야사의 아버지 구리가장자는 밤사이 아들이 사라져 버린 것을 알고 사방으로 아들을 찾다가 이윽고 바라나 강가에서 아들의 신을 보게 되었다. 그리하여 드디어 부처님이 계신 숲에 이르게 되었다. 부처님은 장자에게 잠시 쉬면 아들을 만날 수 있을 것이라고 안심을 시켜 어느 정도 안정을 되찾자 다음과 같이 말씀하셨다.

"나에게는 세상에서 듣기 어려운 미묘한 법이 있는데, 그대는 들어보지 않겠소. 그 법이란 사람을 편안케 하고 행복하게 만드는 것이라오."

어차피 아들을 기다려야 할 장자는 손해 볼 것 없겠다고 생각하여 듣겠노라고 답했다. 게다가 정신을 차려 가만히 살펴보니 세상에서 처음 보는 거룩한 모습이 아닌가. 존경하는 마음까지 갖게 된 장자에게 부처님은 차제법문을 하시게 된다. 장자가 안고 있는 현실적인 문제들을 하나씩 설명하니 장자는 마음속에 지녔던 여러 가지 괴로운 일들을 하나씩 풀 수 있게 되었고, 이윽고는 두려움 없는 마음이 되었다. 이때 부처님은 야사를 불러 아버지를 만나게 하였다. 아들의 삭발한 모습에 잠시 놀랐으나 장자는 곧 안정을 되찾았고, 집에서 걱정할 어머니와 가족들을 위해 돌아갈 것을 권했다. 그러나 야사는 이미 흔들리지 않는 모습이었다. 장자가 보니 아들은 이제까지의 모습이 아닌 고요하며 맑고 평화로운 모습이었다. 결국 장자도 부처님의 신자가 되기로 마음먹게 된다.

"위대하십니다, 세존이시여! 넘어진 자를 일으켜 세워 주듯이, 감추어진 것을 드러내듯이, 길 잃은 자에게 길을 가리키듯이, 어둠 속에 등불을 밝혀 주듯이, 부처님께서는 여러 가지 방법으로 가르쳐 주셨나이다. 저는 이제 부처님께 귀의하여 받들고자 합니다. 또 부처님의 가르침에 귀의하여 받들겠습니다. 세존이시여! 저를 재가신자로 받아 주옵소서. 저는 오늘부터 목숨이 다할 때까지 귀의합니다."

이리하여 장자는 최초의 재가신자가 되었고, 야사의 출가 소식을 들은 친구들도 야사를 데려오려고 숲으로 갔다가 야사의 변한 모습과 부처님의 설법에 감동하여 모두 출가하게 되었다.

277

▲ 석가모니 부처님께 귀의한 재가불자들이 부처님을 모시고 있다
 - 중앙의 보리수가 부처님 - 산치대탑의 부조

VII - 4
부루나의 출가와 전법의 자세

『불본행집경』의 서술에 의하면 '야사'가 출가함으로 인해 야사의 아버지와 어머니는 최초의 재가신자가 되었고, 그 뒤를 이어 야사와 친분이 깊었던 비마라장자, 수바후장자, 부란나가장자, 바가발제장자가 출가하였으며, 이어서 50인의 벗이 출가하여 아라한과를 증득하였다. 이것을 경에서는 다음과 같이 기록하고 있다.

이때 세간에는 61인의 아라한이 있었으니, 부처님과 5비구와 야사와 야사의 네 벗과 50인의 벗이었다.

야사와 동료들의 출가를 뒤이은 이는 훗날 부처님의 십대제자 중에서 '설법제일'로 통하는 부루나이다. 『불본행집경』의 〈부루나출가품〉의 줄거리를 정리해보면 다음과 같다.

코살라에서 카필라로 가는 길목에 한 마을이 있고, 그 마을의 큰 바라문은 정반왕의 국사(國師)였다. 이 국사에게 한 아들이 있었으니, 이름은 부루나 미다라니자(Pūrṇa maitrāyaṇī-putra)로 싯다르타 태자가 탄생한 날 출생하였다.

그는 어릴 때부터 지혜롭고 총명해서 일체의 베다와 학문에 능통하였으며, 세간을 싫어하고 해탈을 구하였다.

부루나는 홀로 생각하였다.

"나의 부친은 이미 정반왕의 국사가 되었다. 싯다르타태자는 전륜왕(轉輪王)이 될 것이니, 내가 기필코 싯다르타 전륜성왕의 국사가 될 것이다. 그러기 위해서는 모든 것에 능통해야 할 것이니, 마땅히 출가해야겠다."

이리하여 그의 벗 30인과 같이 출가하여 설산에서 고행하며 도를 구하였다. 잠시도 쉬지 않고 용맹 정진하여 사선(四禪)과 오신통(五神通)을 성취하였다.

부루나는 천안(天眼)으로 싯다르타태자가 왕위를 물려받을 시기가 되었는지를 살펴보았다. 그런데 태자는 이미 출가하여 대각(大覺)을 이루신 후 녹야원에서 가르침을 펴고 계시는 것이 아닌가. 부루나는 이 사실을 동료들에게 알리고 모두 부처님의 제자가 되기를 제안하여 녹야원으로 갔고, 이윽고 부처님의 제자가 되어 가르침을 받으며 수행한 결과로 법을 증득하고 해탈하여 아라한과를 이루었다.

이 내용으로 보면 부루나는 부처님보다 먼저 출가하여 수행의 세월을 보내고 있었던 것으로 보인다. 그러나 그 목적은 싯다르타태자가 왕위에 올랐을 때 국사(國師)가 되기 위한 것이었다.

세월이 흘러 국사가 될 자격을 갖추었다고 생각했을 즈음, 천

▲ 부처님의 십대 제자 중에서 설법제일인 부루나존자상
　 - 대만 불광산사

만뜻밖에도 태자는 왕이 아닌 부처님이 되셨다는 것을 알고는 국사가 아닌 제자의 입장으로 부처님을 뵙게 된 것이다.

이 부루나존자는 설법제일(說法第一)로 꼽히지만, 그보다 더 잘 알려져 있는 것은 전법(傳法)에 임하는 자세가 투철한 분이었으며, 최초의 순교자(殉敎者)였다는 점이다.

부처님께서는 제자들이 차례로 깨닫게 되자 이윽고 전법을 결심하셨다. 경에서는 다음과 같이 서술하고 있다.

이때에 부처님께서는 바라나시의 녹야원에서 여름을 보내신 후 모든 비구들에게 이와 같이 말씀하셨다.

"수행자들이여! 나는 이미 천계나 인간계의 모든 속박으로부터 해탈하였고, 그대들도 일체의 속박으로부터 자유롭게 되었다. 수행자들이여! 이제 모든 천인과 인간들 속에서 그들을 제도하라. 많은 사람들에게 이익이 되고, 많은 사람들에게 안락을 주기 위하여 속히 떠나라. 마을로 갈 때에는 홀로 갈 것이요, 두 사람이 함께 가지 말라. 수행자들이여! 많은 사람들을 위해 안타깝게 여기고 교화하기 위해 법을 전하되, 항상 처음과 중간과 끝을 올바르게 설해서 뜻이 분명하고 명료하여 의심이 없도록 하라. 수행자들은 항상 원만히 구족하여 청정한 범행(梵行)을 보여주어야 한다. 수행자들이여! 세상의 많은 중생들은 업장이 두텁지 않고 마음이 더러움에 적게 물들었으며, 번뇌가 엷어서 선근(善根)이 성숙되어 있으나 바른 법을 들지 못하여 고통받고 두려워하고 있다. 이들에게 법을 전하라."

위의 내용을 보면 전법(傳法)을 어떻게 해야 하는지가 분명 해진다.

첫째, 마음의 자세는 자비심으로 고통 받는 이들을 안타깝게 생각하고, 진리로써 그 고통을 풀어 주려는 입장이어야 한다.

둘째, 말은 처음부터 끝까지 바르게 하되 뜻이 분명해야 하고, 결코 어려운 말로 유식함을 자랑해서는 안 된다.

셋째, 몸가짐은 수행자가 갖추어야 할 청정한 모습을 유지해야 한다.

넷째, 보다 많은 이들에게 이익과 편안함을 주기 위해 가능하면 홀로 전법을 해야 한다.

이 전법의 자세에 있어 부루나존자가 보여 준 의지는 많은 것을 생각하게 한다.

어느 날 부루나는 부처님께 나아가 말씀드렸다.

"부처님! 저는 이제 멀리 서쪽의 수로나국에 가서 부처님의 정법(正法)을 전도하려 하오니 허락하여 주소서."

"부루나여! 수로나 사람들은 성격이 아주 사납고 모질며 거칠다. 만일 그들이 그대를 꾸짖고 비웃으며 모욕을 준다면 어찌하겠느냐?"

"부처님! 만일 그러한 일이 일어난다면 저는 그때에 '수로나 사람들은 어질고 착해서 주먹으로 때리고 돌로 치지는 않는구나.'하고 생각하겠습니다."

"부루나여! 만일 그들이 주먹으로 때리고 돌로 치면 어찌하겠느냐?"

"부처님! 저는 그때에 '수로나 사람들은 어질고 착해서 나를 칼로 해치지는 않는구나.'하고 생각하겠습니다."

"부루나여! 만일 그들이 칼로 해친다면 어찌하겠느냐?"

"부처님! 저는 그때에 '수행자는 부처님의 정법을 구하기 위하여 기꺼이 이 육신 버리기를 원하는데, 수로나 사람들은 어질고 착해서 나를 육신의 속박에서 벗어나 큰 공덕을 짓게 하는구나.'하고 미련 없이 목숨을 버리겠나이다."

"훌륭하고도 훌륭하다, 부루나여! 그대는 잘 수행하여 능히 인욕과 자제를 얻었도다. 그대는 이제 수로나로 가라. 가서 여래의 정법을 널리 전하라. 사납고 모진 사람들을 제도하여 부처의 세계로 인도하라."

부루나는 수로나로 가서 일천여 명의 사람을 교화하고 흉포한 자들의 박해로 순교하였으며, 부처님께서는 안타깝게 여기면서 부루나를 찬탄하셨다.

불교의 역사에서 보면 수많은 이들의 순교(殉教)가 있었다. 부루나를 위시하여 목련존자가 집장바라문(執杖婆羅門)들의 촌락에 가서 순교한 사건이 부처님 당시에 이미 있었고, 중국에서는 승조(僧肇) 법사가 황제의 명을 거부하여 순교하셨으며, 또 '삼무일종의 법난(三武一宗法難)'[1] 등을 통해 엄청난 스님들의 순교가 있었다. 우리나라에서는 이차돈성사의 순교가 잘 알려져 있지만, 그 외에도 오랜 역사를 통해 수많은 스님들의 순교적인 희생이 있었던 것이다. 그러므로 스님들은 언제나 '위법망구(爲法忘軀 - 부처님 정법을 위해서는 몸의 안위도 잊음)'의 정신으로 수행하고 전법하는 것이다.

오늘날 우리는 혹시 다른 종교인들의 눈총 때문에 포교를 하지 않거나 아니면 불자임을 떳떳하게 밝히지 못하는 것은 아닌지 살펴볼 일이다. 또한 불법이 옳지 않은 힘에 의해 훼손될 때 비겁해지지는 않는지 생각해 봐야 한다.

....

1) 삼무일종의 법난(三武一宗法難)
  중국에 불교가 전래된 이후 국가권력에 의한 불교가 박해를 받은 사건을 일컫는 말
  ①북위의 태무제(太武帝) : 도교황제라고도 하는 태무제에 의애 자행된 '위무(魏武)의 법난'으로 446년부터 7년간에 걸쳐서 불교를 탄압했음.
  ②북주의 무제(武帝) : '주무(周武)의 법난'이라 일컫는 것으로 574년과 577년에 두 차례 자행되었으며, 이때는 문제백관을 모아서 유·불·도 3교의 우열을 논하게 한 후, 불교와 도교를 폐지하였음.
  ③당의 무종(武宗) : 845년에 행하여진 것으로 연호에 의해 '회창(會昌)의 법난'이라고 함. 이때는 도교의 무리가 획책하여 불교만이 아니라 서방에서 전래된 경교·현교·마니교의 3교까지도 금지되고 압박받았음.
  ④후주의 세종(世宗) : 955년에 행하여진 '후주(後周)의 법난'은 국가의 재정적인 궁핍이 주된 동기였음.

VII - 4 부루나의 출가와 전법의 자세

VII - 5
다시 우르벨라로

부처님께서는 제자들에게 제각기 흩어져 전도를 떠나게 한 후, 당신께서도 전법을 위해 길을 떠나시게 된다.

부처님께서는 교화하실 장소로 우르벨라를 택하셨다. 우르벨라는 바로 6년간 고행을 하셨던 고행림(苦行林)이 있는 곳으로, 그곳에서는 많은 출가자들이 여전히 고행을 하고 있는 곳이었다. 이곳을 떠나 보리수 아래에서 성불하신 후 녹야원으로 가시어 가르침을 펴시는 동안에 사람들을 어떻게 인도해야 할 것인가에 대한 정리가 분명해진 것으로 보인다.

녹야원을 떠나시면서 부처님은 이제 교화의 대상으로 기존의 출가집단을 선택하신 것이다. 일반 대중을 한 사람씩 교화하는 일도 중요하고 또 반드시 해야 할 것이지만, 그 일은 우선 제자들에게 맡기고 당신만이 하실 수 있는 방법을 선택하신 것이다. 그것은 잘못된 견해에 빠져 있는 기존의 출가집단을 바르게 인도함으로써 그들이 바라던 해탈 경지에 이르게 함과 동시에 그 결과로 당신의 가르침이 보다 빨리 세상에 전파될 것이라고 판단하셨던 것 같다. 바로 이 목적을 위해 가장 적당한 곳이 고행자들이 모여 있는 마가다의 우르벨라였던 것이다.

부처님께서는 홀로 우르벨라로 걸어가셨다. 도중에 탁발을 하여 공양도 하시고, 때로는 숲에서 고요히 머물기도 하며 가시던 도중에 30인의 청년들을 교화하시게 된다.

부처님께서는 길을 가시다가 동산 숲을 보시고는 하루를 그 숲에서 쉬어 가시기로 하셨다. 큰 나무 아래 앉으시어 곧 삼매에 드셨다. 잠시 후에 30인의 청년들이 정신없이 허둥대며 부처님이 계신 곳으로 달려와 한 여인이 지나가는 것을 보지 못하였냐며 따지듯 묻는 것이었다. 부처님께서는 그들의 모습에서 짐작되는 바가 있었지만 우선 숨을 돌리라고 타이른 후 사정을 듣게 되었다.

그들의 이야기는 다음과 같았다. 오늘은 30인의 친구들이 놀이를 나왔다. 29인에게는 아내가 있었으나 한 청년만은 결혼을 하지 않았는데, 친구들이 그의 짝을 맞춰 주느라고 돈을 주고 술집 여인을 데리고 왔던 것이다. 30쌍의 젊은이들은 술과 음식을 질펀하게 먹고 마시며 놀다가 잠이 들었는데, 이 틈을 타서 술집 여인이 패물과 돈을 챙겨 가 버렸다. 잠에서 깬 젊은이들은 뒤늦게 이 사실을 알고는 숲을 헤매며 찾고 있었던 것이다.

▲ 도둑을 맞은 젊은이들에게
　참된 자신을 찾는 것이 중요함을 설하시는 부처님 – 미얀마 불화

부처님께서는 그들에게 이르셨다.

"자, 젊은이들이여! 잠시 여기 앉도록 하라. 내가 보기에 그
대들은 좋은 출신에 학문도 충분한 것 같은데, 어찌하여 오늘
과 같은 일을 당하게 되었는가? 그것은 그대들이 진정한 행복
이 무엇인지를 모른 채, 쾌락에 몸을 맡기고 마음을 빼앗겨 부
질없는 일을 벌였기 때문이 아닌가? 이미 도망간 여인을 붙잡
아 패물과 돈을 되찾는 것이 중요한가, 아니면 참된 자신의 모
습을 되찾아 영원히 행복하게 되는 것이 중요한가?"

어느 정도 안정을 되찾은 젊은이들은 앞에 있는 수행자의 모습이 너무나 거룩하고 평화로운 것을 깨닫게 되었다. 조용하게 설명하는 말씀을 듣다 보니 너무나도 자신들의 모습이 부끄럽다고 느꼈을 것이다.

"거룩하신 분이시여! 지금 저희들의 참된 모습을 알 수 있다면, 그리하여 진정한 행복이 어떤 것이지를 찾을 수 있다면, 그것이 더욱 소중할 것입니다."

부처님께서는 차례차례로 바라밀행의 공덕과 기쁨 등을 말씀하시고, 고통의 원인과 그 소멸에 이르는 방법 등을 말씀하시어 젊은이들의 눈이 열리게 하셨다. 그들은 모두 부처님의 제자가 되길 원했고, 부처님께서는 그들의 출가를 허락하셨다.

공부하는 사람에게 흔히 조고각하(照顧脚下)니 회광반조(廻光返照)니 하는 말을 하게 되는데, '발밑을 살펴보라'거나 '빛을 돌이켜 되비쳐 보라'고 하는 이 말들은 참된 자신에 대한 관찰을 뜻한다.

누구나 행복을 바란다. 그렇다면 이 행복은 어디에서 오는가? 대체로 행복이 밖에 있다고 생각하여 밖에서 찾는다. 그러다 보니 정작 행복을 찾고 있는 주체는 끊임없이 갈등을 일으키고 방황하게 된다. '돈이나 어떤 물질도 스스로 행복을 느끼지 못한다. 오직 영혼만이 행복을 느끼는 것이다.' 그러면서도 갈등과 방황의 원인이 밖에 있다고 생각하므로 이것을 해소할 방법 또한 밖에서 찾게 된다. 이래저래 우리의 시선은 끝없이 밖으로만 달려 나간다. 많은 것을 알아야겠고, 높은 자리도 올라가야겠고, 재산도 풍족하게 가져야겠으며, 다른 사람들로부터 존경도 받아야겠다고 생각한다. 그렇게만 되면 모든 문제는 해결되고 행복할 것 같다고 막연히 믿는다. 그러나 모든 것은 무상(無常)한 것이니 오래 유지될 수가 없다.

이렇게 행복하길 원하는 사람에게 부처님께서는 말씀하신다. 그렇게 해서는 결코 행복이 오지 않으며, 결코 행복해질 수 없다고 일깨워 주신다. 그것은 움직이고 있는 사람이 자신의 그림자가 멈추길 바라는 것처럼 불가능하다고 말씀하셨다.

부처님께서 우르벨라로 가시던 도중에 만났던 이 젊은이들은 이름 등이 밝혀져 있지 않다. 그럼에도 이 이야기가 도처에서 보이는 것은 이 이야기의 주인공들이 바로 모든 이들의 일반적인 모습이기 때문일 것이다.

부처님께서는 '나'나 '내 것'이 아닌 참된 자아를 깨달아야 한다고 말씀하셨다. 선가(禪家)에서는 이것을 매우 간단하게 표현하고 있다. 누군가가 "부처님은 어떤 분입니까?"하고 물으면 스승은 곧바로 "자네는 누구인가?"라고 되묻는다. 이때 "저는 김 아무개이고 나이는 얼마나 먹었고 무슨 학위를 가졌으며, 지금은 어떤 일을 하고 있습니다."따위로 답하는 것은 아직도 본질을 파악하지 못한 소치이다.

VII - 6
가섭 삼형제를 교화하심

부처님께서는 우루벨라에 이르시자, 그곳에서 가장 큰 출가집단인 가섭(카샤파)형제를 찾아 가셨다.

가섭 형제는 마가다의 국왕인 빔비사라왕을 비롯한 많은 대중들로부터 존경을 받고 있었으며, 머리를 땋고 불을 숭배하면서 수도하는 배화교도(拜火敎徒) 혹은 사화외도(事火外道)라고 지칭되는 출가자들이다.

이들 삼형제는 나이란자나 강변에서 수행하고 있었는데, 우루벨라에는 맏형인 세나 카샤파(지명을 따서 '우루벨라 카샤파'라고도 함)가 500여 명의 제자를 거느리고 있었으며, 약간 하류에 둘째인 나디 카샤파(나제 가섭)가 300여 명의 제자들과 함께 이었으며, 가장 아래의 가야지방에는 가야 카샤파가 200여 명의 제자와 머물고 있었다.

부처님께서는 우루벨라 카샤파를 찾아가 하룻밤 자고 가길 청하였는데, 카샤파는 불을 모시는 사당(火堂)에 머물라고 했다. 이 사당은 불을 뿜는 용이 있는 곳으로, 카샤파는 부처님을 시험하기 위해서 일부러 그렇게 했다고 기록하고 있다.

▲ 부처님의 발우 안에 사로잡힌 용
   - 미얀마 불화

　화당(火堂)에 들어가신 부처님께서는 풀로 자리를 만들고 삼매에 드셨다. 이를 본 용(龍)이 불과 연기를 뿜어 태우려 하였으나 부처님께서는 화광삼매(火光三昧)로 용을 항복 받으셨다.

　밤새 불길에 싸여 있는 사당을 보면서 카샤파와 제자들은 아까운 인재가 희생된다고 생각했다. 그러나 아침이 되자 부처님은 조그맣게 바뀐 용을 발우에 담아 '불의 사당'을 나오셨다. 아직도 승복하지 않는 카샤파에게 부처님은 3,500여 가지의 신통을 보이시며 논쟁으로 항복 받으셨다. 완전히 귀의를 한 우루벨라 카샤파는 불을 섬기는데 필요한 모든 기구를 강물에 버렸으며, 머리를 삭발하고 수염을 밀어버렸다. 그러자 그의 제자 오백 명도 동시에 부처님의 제자가 되었다.

강 하류에 있던 동생들은 형의 화구(火具)가 강물에 떠내려 오는 것을 보고는 어떤 변고가 생긴 것으로 짐작하고는 우루 벨라 카샤파의 처소로 달려왔다. 그리고는 사정을 알고 모든 제자들과 더불어 부처님의 제자가 되었다.

이리하여 부처님은 카샤파 삼형제와 그의 제자들 천여 명을 제자로 거두어 일시에 최대의 수행집단을 이루게 된다. 경의 기록을 정리해 보면 위와 같은데, 여기서 불을 뿜는 용을 항복 받아 미꾸라지 만하게 만들었다는 이야기나 가섭삼형제 와 천여 명의 제자를 하룻밤 지내고 제자로 거두었다는 것은 너무나도 상징적으로 압축되어 있다는 생각이 든다.

우선 불을 뿜는 용에 대해서 살펴보자.

불을 신성시하는 사상은 인도에서는 오래된 신앙이다. 『리 그베다』에서도 불의 신 '아그니'에 대한 찬사가 많이 나온다. 또 한 오늘날까지 힌두교의 신자들 집에서는 집의 서쪽 혹은 서남 쪽에 불의 신(火神)을 모신 곳을 마련해 두고 있다고 하며, 신 혼가정에서는 맨 처음으로 켜 놓은 불을 꺼트리지 않고 계속 이어 간다고 한다. 그뿐만 아니라 성인식, 결혼식, 장례식, 마 을 수호신의 제사 등에 성스러운 불은 필수적이라고 한다.

민중의 저변에 깔려 있는 불에 대한 신앙, 그 신앙의 중심에 서 있었던 카샤파 삼형제는 국왕을 비롯한 백성들에게는 이미 성자였다. 그리고 그들에게는 따르는 제자만 해도 천여 명이나 되었다. 게다가 우루벨라 카샤파는 그때 이미 백 세가 넘었으며 갖가지 신통력을 지녔다고 기록되어 있다. 그렇다면 신앙의 대상인 불을 뿜는 존재로서의 용은 바로 우루벨라 카샤파로 보는 것이 마땅할 것이다.

부처님께서는 당시 사람들에게 용과도 같은 존재였던 우루벨라 카샤파와 불꽃튀는 종교적 논쟁을 하셨을 것으로 생각된다. 민중의 존경을 받고 있던 백 세가 넘은 지도자가 쉽게 부처님께 항복했을 리가 만무하다.

부처님과 6년간이나 고행하며 이미 스승처럼 생각하고 있었던 5비구를 승복시키는 데도 몇 달이 걸렸을 터인데, 출가 집단의 상징적 인물이 자기보다 훨씬 젊은 수행자에게 금방 제자로 들어갔을 리가 없다.

아마도 당시 대중들은 부처님께서 거대한 화룡(火龍)인 우루벨라 카샤파와의 논쟁에서 질 것이라고 믿었던 모양이다. 불길에 싸인 불의 사당을 지켜보던 사람들의 시선에서 그것을 읽을 수 있다. 그러나 화룡의 불길은 부처님의 화광삼매 앞에 힘을 잃고, 거대했던 화룡도 미꾸라지처럼 작아져서 부처님의 발우 속에 들어가고 만다. 바로 우루벨라 카샤파가 부처님의 교화 속에 들어갔음을 뜻하는 대목이다.

부처님께서는 3,500여 신통을 보이신 후에야 우루벨라 카샤파가 논쟁에서 항복했다고 되어 있는데, 이것은 상당한 기간에 걸쳐 논쟁을 한 후에야 카샤파의 귀의를 받을 수 있었음을 뜻하는 것이다.

▼ 대중에게 가르침을 펴시는 부처님
  - 인도 델리의 국립박물관 소장 부조

그때 카샤파를 설복시킨 내용은 어떤 것이었을까?

『비나야』〈대품〉에는 '타오르는 불로부터 벗어난 해탈의 가르침'을 펴셨다고 되어 있는데, 이것은 인간의 고뇌를 불에 비유한 가르침이다.

"모든 것은 불타고 있다. 모든 것이 불타고 있다는 것은 무슨 뜻일까? 눈은 불타고 있다. 색채와 형태는 불타고 있다. 눈의 식별 작용은 불타고 있으며, 눈의 접촉인 눈과 형체와 식별 작용의 만남도 불타고 있다. 눈의 접촉에 의해서 생기는 감수 작용(感受作用)은 좋거나 나쁘거나 혹은 그 어느 쪽도 아닐지라도 그것 역시 불타고 있다. 무엇에 의해서 불타고 있는가?
탐욕의 불로, 혐오의 불로, 미혹의 불로 모든 것은 활활 타오르고 있다. 탄생과 노쇠, 죽음과 근심. 슬픔과 고통, 번뇌와 번민에 의해서 불타고 있는 것이다."

부처님께서 이와 같이 설법을 하셨을 때, 천여 명의 제자는 모든 번뇌가 씻은 듯이 사라져서 해탈하게 되었다.

이 카샤파 삼형제를 교화함으로써 부처님의 명성은 세상에 널리 퍼졌으며, 이로부터 부처님의 교화는 본격화된다고 볼 수 있다.

▼ 부처님께서 가섭 삼형제를 제도하신 것을 그린 불화

VII - 7
빔비사라왕의 귀의

카샤파 삼형제는 마가다국의 성자로 존경받던 인물들이 었으며, 마가다국의 국왕인 빔비사라왕도 이들을 극진히 모셨던 인물이었다. 이 빔비사라왕은 부처님께서 성불하시기 전에 이미 만났던 인물이었으며, 그때 자신과 더불어 마가다를 통치하자고 권했던 인물이었다. 그뿐만 아니라 성불하시면 반드시 자기에게 가르침을 주십사고 청했던 인물이다.

그런데 부처님께서는 이 빔비사라왕을 먼저 만난 것이 아니라 카샤파와의 논쟁에 들어가신 것이다. 일생을 수행하여 이미 많은 이들로부터 성자로 추앙받던 노수행자 카샤파와 아직은 세상에 그 이름이 크게 알려지지는 않았으나 출가 전부터 대각(大覺)을 이루어 부처님이 되실 분이라는 예언이 있었던 젊은 고타마의 논쟁은 모든 이들의 이목을 집중시키기에 충분했을 것이다.

인도에서는 예로부터 사상적 논쟁으로 승패를 가리는 전통이 있었던 것으로 보인다. 논쟁에서 진 사람은 승자가 원하는 것은 재산이건 가족이간 심지어 목숨까지도 내놓아야 하는 전통이 있었던 것으로 짐작할 수 있는 기록들이 보이고 있다.

이러한 전통이 있었던 인도에서 지도자 간의 논쟁이 하루에 끝날 수가 없다. 그러므로 부처님께서도 3,500여 가지의 신통을 보였다는 기록처럼 갖가지 방편을 다 쓰셨을 만큼 치열한 논쟁이었고, 따라서 수많은 마가다국 사람들의 관심사가 되었을 수밖에 없었을 것이니 빔비사라왕도 그 결과를 주목하고 있었을 것이다.

논쟁의 결과는 대중들의 예상을 깨고 젊은 수행자로만 인식되던 부처님의 승리로 끝났고, 출가수행자는 말할 것도 없고 일반 대중들까지 부처님께 귀의하는 효과를 거두었다.

이 소문을 들은 빔비사라왕은 몸소 왕사성 밖으로 나가 부처님을 찾았다.

그러나 아직도 부처님께서 카샤파 삼형제를 비롯한 모든 출가자의 스승이 된 사실이 믿기지 않았던 모양이다.

그때 마가다국의 일체 백성과 거사와 장자들은 혹은 정례하고 한쪽에 물러나 앉기도 하고, 혹은 부처님께 찬탄의 말씀을 올린 후 물러나 앉기도 하며, 혹은 부처님 앞에서 자기 이름을 말하고 물러나 앉기도 하고, 혹은 부처님을 향하여 합장하고 물러나 앉기도 하였다.

이렇게 나라의 모든 백성과 장자(長者)와 거사(居士-계를 받고 수행하는 남자신도)들은 한쪽에 앉아 이런 생각을 하였다.

'오늘 이 가운데 대사문이 있고 또 우리의 국사인 우루벨라 카샤파가 있으니, 이제 이 고타마 사문이 카샤파 존자에게서 범행(梵行-깨달음에 이르는 청정한 수행)을 배우는 것인가? 아니면 카샤파 등이 고타마 사문에게서 범행을 배우는 것인가?'

　국왕을 비롯한 대중들이 의아해 하는 표정을 보고 우루벨라 카샤파는 자리에서 일어나 부처님의 발아래에 정례하고 말하였다.

　"세존께서는 참으로 저를 가르치신 스승이시고, 저는 거룩하신 세존의 성문제자(聲聞弟子-설법을 들으며 배우는 제자)입니다."

　마가다국의 백성들은 카샤파의 태도와 말을 듣고 비로소 의심이 풀렸다. '이제 우루벨라 카샤파가 사문 고타마의 제자로서 범행을 닦는 것이다.' 이런 생각을 하고 세존께 믿는 마음을 내고 희유하게 생각하였다.

　그때 부처님께서는 모든 대중들이 크게 기뻐하고 희유하다는 생각을 낸 것을 보고, 곧 그들을 위하여 차례로 법을 설하셨다. 이른바 보시와 지계를 가르쳐 행하게 하시고, 천상에 나는 인연 업보와 오욕의 즐거움을 싫어하고 떠남을 말씀하시고, 번뇌를 다하는 인연과 번뇌를 다 끊음을 말씀하시고, 출가를 찬탄하여 해탈을 도우셨다.

　빔비사라왕을 비롯하여 수많은 사람들이 앉은 자리에서 동시에 깨달았다.

아마도 부처님께서는 카샤파 형제를 귀의시킨 후, 마가다국의 빔비사라왕을 비롯한 많은 사람들을 교화하셨던 것으로 생각된다. 경전에서는 첫 법문을 듣고 앉은 자리에서 깨달았다고 기록하고 있으나, 5비구를 비롯하여 카샤파 형제에 이르기까지 출가수행자가 깨닫는데도 무척 긴 시간이 소요되었을 것으로 보이는 바, 빔비사라왕 등의 깨달음도 꽤 시간이 걸렸을 것으로 생각된다.

이윽고 깨달음에 이른 빔비사라왕은 다음과 같이 부처님께 아뢰고 있다.

"여래 세존이시여, 제가 어릴 때부터 다섯 가지 소원을 세웠는데, 오늘에 이르러 모두 이루었습니다."

첫째, 저는 젊어서 일찍 왕위를 얻고자 하였는데,
그 소원은 이미 이루어졌습니다.

둘째, 왕위에 오른 뒤에 제가 다스리는 나라 안에서 부처님이 출세하시길 원했는데, 그 소원도 이루어졌습니다.

셋째, 부처님이 출세하시면 그 세존께 제가 공양을 베풀어 드리리라 생각하였는데, 이 소원도 이루어졌습니다.

넷째, 부처님으로부터 직접 설법 듣기를 원했는데,
그 소원도 이미 이루어졌습니다.

다섯째, 세존께 법문을 듣고 설법하시는 대로 제가 모두 증득해 알길 바랐는데, 이제 그 소원도 이루었습니다.

이리하여 빔비사라왕은 철저한 신자가 되었고, 또한 호법 (護法-불법을 수호함)의 왕이 되었다.

빔비사라왕은 직접 공양을 올리려 성 밖으로 나가기도 하였고, 또 왕궁으로 부처님과 제자들을 초청하여 공양을 올리고

▼ 빔비사라왕이 부처님을 위해 최초로 지은 죽림정사 유적지

법문을 듣기도 하였다. 그러다가 우기(雨期)에도 부처님과 제자들이 머물 수 있는 사원을 지어 드리고, 평소에도 그곳에서 부처님의 법문을 들으면 좋겠다는 생각을 하였다. 왕은 왕사성 밖 멀지 않은 곳에 있는 죽림원(竹林園)을 사원으로 만들 생각을 하였다.

▼ 죽림정사 유적지에 있는 연못

'저 죽림원은 성에서 가까워 왕복하기가 편하고, 오고 감에 피로치 않고 평탄하여 장애가 없다. 모든 사람이 즐기는 대로 이익을 구하여도 얻기 쉬우며, 겸하여 모기나 독사나 빈대 등이 적고, 낮에는 고요하여 사람의 왕래가 없고, 밤에는 소리가 적어 조용하다. 성과 못이 가까워 오감에 걸림이 없어 어진 이가 수도하는 곳이 될 만하니 나는 이제 이 죽림을 세존께 받들어 올려 계실 처소를 삼게 하리라.'

이리하여 부처님의 허락을 받아 사원을 만드니, 최초의 사원인 죽림정사(竹林精舍)가 건립된 것이다.

우리는 빔비사라왕의 생각에서 당시 사원에 대한 적절한 환경을 짐작할 수 있다. 빔비사라왕은 일생을 부처님의 재가신자로서 최선을 다했다.

VII - 8
대표적인 제자들의 귀의

■ 가전연존자

부처님의 십대제자 중 논리 정연하기로 유명한 논의제일(論議第一) 가전연존자는 남인도의 국사였던 대가전연 바라문의 둘째 아들로 이름은 '나라다'였다. 어릴 때부터 총명하여 형이 십수 년에 걸쳐 많은 스승에게서 공부한 것을 한번 듣고는 다 기억하고 이해하였다. 형은 아버지의 뒤를 이어 국사가 되길 원했는데, 아우 나라다가 자기보다 더 똑똑하여 위기감을 느꼈고, 이윽고는 죽일 생각을 하기에 이르렀다. 이것을 눈치 챈 아버지는 나라다를 외숙인 아사타선인에게 보내어 수행케 하였다. 아사타선인은 이미 부처님이 출현하셨음을 알고, 임종 전에 나라다에게 부처님의 제자가 되길 권하였다.

그러나 나라다는 외숙의 뒤를 이어 그 지방의 성자로 추앙되면서 부처님을 찾지 않았는데, 답하기 어려운 질문을 받고는 그 해답을 얻기 위해 부처님을 만나 뵙고는 제자가 된다.

『불본행집경』에는 가전연존자와 부처님의 대화가 많이 나오고 있는데, 매우 날카롭고 논리 정연한 질문을 하고 있음을 알 수 있다. 한 가지 예를 보자.

"무엇에 자재하기에 염착 (染着)하는 것을 물든다고 합니까? 어떤 것을 청정이라 하고, 어떤 것을 어리석다고 합니까? 어리석은 사람은 어째서 미혹하며, 어떤 이를 지혜로운 사람이라고 합니까?"

"의식이 자유로운 까닭에 인식의 주체가 물든 것을 물들었다 하노라. 물들 것이 없는데 물듦으로 이것을 어리석다고 하노라. 큰 괴로움이라는 물에 빠진 까닭에 수행이라는 방편을 다 동원하는 것이요, 일체의 방편을 더 이상 사용할 필요가 없게 된 사람을 지혜로운 이라고 하노라."

▲ 부처님의 십대 제자 가운데
논의 제일인 가전연존자상
- 대만 불광산사

"출가수행을 하면 무슨 과보를 얻나이까?"
"수행을 닦는 과보를 묻는구나. 이것은 무상(無常)이라 해서 알기 어려우니라. 욕락(慾樂)에 물들지 않음으로서 피차 각각

물들 인연이 없나니, 물듦이 없으면 곧 다툴 인연도 없다.

세간의 모든 중생들 내 몸 같고 내 목숨 같나니 이렇듯 자세히 살펴 생각해 보고, 성날 때에도 살생 말고 해치지 말며, 탐욕이나 아만도 모두 버려라.

일체 범부들은 몸에 염착(染着)하지만, 눈 밝은 이는 원수같이 여기니라. 모든 탐내고 물듦을 버리고 보면, 집착하지 않으므로 해탈하게 된다.

일체 감각을 다 조복해 마음으로 모든 인연 집착하지 않고, 경계를 다 버려 마음에 두지 말며, 더럽고 탁한 것을 모두 버려라.

할 일, 안할 일 모두 몸을 떠나서, 평등하게 보면 가는 곳마다 편안하리라.

성인의 행은 이와 같거니와 업이란 수레바퀴 구르듯 멈추지 않느니라.

지혜로운 이는 말을 할 때나 침묵할 때나 언제나 잘 살피나니 이것을 진실한 중도라 하며, 이것을 두고 적정하여 해탈을 얻었다 하니라."

요약해서 간추린 대화지만, 부처님께서는 다른 제자와 만났을 때와 달리 전문적인 용어를 구사하시거나 논리적으로 설명하고 계심을 알 수 있다.

■ 마하가섭존자

마하가섭(마하아Mahā 까아
샤빠Kāśyapa)존자는 두타제일
(頭陀第一, dhuta-의식주 등의 집
착을 버린 청정한 수행)로 잘 알려
진 분으로, 앞의 가섭삼형제와
는 다른 분이다. 흔히 마하가섭
혹은 대가섭으로 경전에 소개
되는 분으로, 선종(禪宗)에서
는 부처님의 법을 부촉 받은 초
조(初祖)로 추앙된다.

마가다국 왕사성(라자그리하)
의 장자 '니그루다 칼파'의 아
들로 어릴 때의 이름은 '필발라

▲ 부처님의 십대 제자 가운데
두타제일인 마하가섭존자상
- 대만 불광산사

야나'였다. 아버지의 엄청난 재산을 물려받고 현명하고 예쁜
아내를 맞이했으나 두 사람 모두 세속적인 생활에 흥미를 느
끼지 못해, 결국 부부가 출가하여 수행하다가 이윽고 부처님
의 제자가 된다. 마하가섭존자는 부처님께서 아주 낡은 가사
를 걸치고 계심을 보고 자신의 좋은 가사를 벗어 부처님께 드
리고 부처님의 낡은 가사를 간절히 원했다. 부처님께서는 가
섭존자의 마음을 읽으시고 가사를 바꾸셨다. 가섭존자는 평

생 그 가사로 수행을 했다고 한다. 부처님께서 나이도 들고 했으니 너무 거친 옷을 입지 말라고 해도 한사코 듣지 않았으며, 늘 가난한 마을에서 탁발했으므로 부처님으로부터 빈부의 구분을 하지 말라는 충고를 받기도 했다.

▼ 가섭존자는 항상 가난한 사람들로부터 공양을 받았고, 아난존자는 늘 부자들로부터 공양을 받았다. 부처님께서 그 까닭을 물어보셨다. 가섭존자는 가난한 사람들에게 공덕이 되라는 뜻이었음을 밝혔고, 아난존자는 가난한 이들에게 부담을 주지 않기 위해서라고 말씀 올렸다. 그러나 부처님께서는 빈부의 차이를 두지 말고 평등하게 탁발을 하라고 가르쳐 주셨다

■ 사리불존자와 목련존자

사리불과 목련존자는 어릴 때부터 친구였다. 사리불존자는 왕사성에서 가까운 나라카마을 바라문의 아들로 본명은 우파팃사였고 어머니 '샤아리(Sāri)'의 아들이라는 뜻의 샤아리뿌뜨라(사리자舍利子)로도 불렸다. 목련존자는 이웃 마을인 코리타 마을 출신이었다.

두 사람은 늘 같이 다녔는데, 어느 날 왕사성축제를 구경하다가 두 사람의 대화가 '백년 뒤에 이 사람들 중에 누가 살아 있을까?'에 이르러 무상을 느껴 육사외도 중 회의론자(혹은 불가지론파不可知論派)인 산자야의 제자로 출가하였다. 수도에 힘쓴 결과 두 사람 모두 수제자가 되어 100명씩의 제자를 두었지만 언

▲ 부처님의 십대 제자 가운데
지혜제일인 사리불존자상
- 대만 불광산사

▲ 부처님의 십대 제자 가운데
신통제일인 목련존자상
- 대만 불광산사

제나 진리에 목말라 있었던 것 같다.

　두 사람은 어느 날 탁발 나온 아쉬바지뜨(아설시我說示, 마승馬勝-빨리어로는 앗사지Assaji이며, 최초 5비구에 속함)의 단정하고 평화로운 모습에 반하였다. 두 사람은 아쉬바지뜨에게 스승이 누구이며, 무엇을 가르치는지를 물었다. 아쉬바지뜨는 스승이 석가모니라는 것을 밝히고, 자기는 아직 수행이 깊지 않아 가르침을 상세하게 전할 수는 없지만 스승은 '모든 것은 인연에 의해 생기고 인연에 의해 소멸한다는 것과 고통을 멎게 하고 멸하는 법을 가르치신다.'고 답했다.

　이 간단한 말을 듣고 두 사람은 곧 자신들이 답답해하던 문제를 풀 수 있겠다는 확신을 갖게 된다. 그리하여 스승 산자야와 200명의 제자들에게 부처님의 제자가 되기로 했음을 알렸다. 제자들은 모두 따라가기를 원했고, 결국 모두 부처님의 제자가 되었으며, 산자야는 분함을 이기지 못하여 피를 토하고 죽었다고 한다.

부처님께서는 두 사람의 출가를 크게 환영하셨고, 간단한 대화를 한 후에 바로 윗자리에 앉히는 파격을 행하셨다. 이에 대해 먼저 출가한 이들이 전통에 없는 일이라고 반발했으나, 부처님께서 제자들을 설득하시어 무마된 것으로 보인다.

사리불존자는 지혜제일로, 또 목련존자는 신통제일로 승가(僧伽-산스크리트 상가samgha의 소리 옮김)를 이끄는데 크게 공헌했으나 목련존자가 집장바라문(執杖婆羅門-지팡이를 가지고 다니는 바라문)들을 전도하느라고 순교를 하시고 사리불존자가 뒤를 따르자, 부처님께서 크게 안타까워 하셨다고 한다. 두 존자님의 입적(入寂-고승의 죽음은 번뇌의 소멸인 깨달음과 동일하다고 보기에 열반에 들었다고 표현함)은 부처님께서 열반하시기 1년 전이라고 한다.

VIII. 다양한 교화

▲ 재불 화가 방혜자 선생의 작품

VIII - 1
장자들의 귀의와 외호

경전을 살펴보면 부처님의 법회나 일화에 거의 언제나 바라문이나 왕족 그리고 장자들이 등장한다. 바라문은 타고난 신분이 가장 위이고, 장자는 덕망 있는 재력가라고 볼 수 있다.

바라문이나 왕족 그리고 장자가 부처님의 제자나 혹은 신자로서 많았다는 것은 당시 최고의 교육을 받은 지식층에서 부처님의 가르침을 빠르게 이해했음을 뜻한다. 물론 부처님의 제자에는 서민 혹은 천민 출신의 제자나 신자도 많다. 이들은 교육보다는 타고난 총명이 있었다고 보면 좋겠다.

특히 장자로 불리는 이들은 엄청난 재력을 지녔던 이들인데, 이들은 대개 무역 등을 통해서 재산을 축적했던 인물들이며, 활발한 외부와의 접촉으로 인해 매우 자유로운 사고를 하던 부류로 보인다. 따라서 열린 마음을 가진 이들이 많았고, 그로 인해 부처님의 가르침을 쉽게 받아들일 수 있었던 것으로 보인다.

다른 측면에서 살핀다면 그들의 신분과도 연관이 있다. 이 장자들은 대개 평민 출신들이 많았는데, 재력으로는 남부러울 것이 없었지만 타고난 출신의 벽을 극복할 수는 없었던 것이다. 그런데 부처님의 가르침에 의하면, 사람은 태어나면서 귀천이 정해지는 것이 아니라 어떻게 실천하느냐에 따라 귀해질 수도 있고 천해질 수도 있다는 것이니, 자유로운 사고를 하던 장자들로서는 가장 마음이 끌리는 가르침이었을 것이다.

이런 장자들 중에서 오늘날까지 우리에게 잘 알려진 이가 급고독(給孤獨 - 외롭고 쓸쓸한 사람들을 돕는 이)이라는 별칭으로 불리던 수닷따(Sudatta - 수달須達, 수달다須達多, 선시善施)장자이다.

▼ 수닷타 장자가 세운 기원정사 유적지

수닷따는 코살라(Kosalā)국의 수도인 쉬라아바스띠이(Śrāvastī-사위성舍衛城, 실라벌室羅筏, 실라벌실지室羅筏悉底)의 장자로 사업차 마가다국의 왕사성(라아자아-그리하Rāja-gṛha)에 가게 되었다.(혼인문제로 가게 되었다는 기록도 있다) 수닷따는 왕사성의 부호였던 처형의 집에 머무르게 되었는데, 큰 잔치를 준비하느라 정신이 없어 보였다. 대체 무슨 잔치를 준비하기에 직접 그렇게 지시하며 준비하느냐고 물었더니, 동서인 호미장자는 거룩한 부처님을 모시기 위해 준비한다는 것이었다. 동서와의 대화를 통해 그동안 소문으로만 듣던 부처님에 대한 자세한 설명을 들을 수 있었고, 다음날 그 부처님을 직접 친견할 수 있다는 기대에 설레게 되었다.

기대로 인해 거의 밤을 지새우다시피 한 수닷따는 새벽녘에 부처님이 계시다는 죽림정사로 가게 되었다. 그리고 숲 속에서 산책을 하고 계시는 부처님과 만나게 되었다. 첫눈에 반한 수닷따는 바로 부처님의 발 아래에 정례(頂禮-이마를 땅에 대며 예를 갖춤)하고 가르침을 들을 수 있게 되었다.

이때 부처님께서는 수행에 대한 말씀 외에도 사업가가 해야 할 도리에 대해서도 말씀해 주셨다.

사업가(상인 등)는 고용인을 능력에 따라 일을 시키고, 또 대우를 적절하게 해야 한다. 음식과 급료는 말할 것도 없고, 병이 나면 치료해 주어야 하며, 적당한 휴가도 있어야 한다.

아울러 고용인도 자기 일처럼 열심히 하며, 사업주를 예절로 대하고 남들에게 그를 칭찬하여 사회적인 신망을 높여 사업이 번창하는 데 일조해야 한다.

　장사나 사업을 통해 얻은 수입은 반드시 그 일부를 가난한 이에게 보시하고, 일부는 저축하며, 또 재투자를 해야 한다.

　근면과 검소함이 재산을 지키고 늘리는 열쇠이다. 그러나 반드시 여러 사람에게 이익이 될 수 있는 사업을 해야 하며, 무기나 마약 또는 술 등의 장사는 피하고 인신매매 등은 절대로 해선 안 된다.

▼ 사위성에 있었던 수닷타 장자의 집 유적

이러한 말씀을 들은 수닷타는 감격하여 일생 부처님의 신자가 되겠다고 맹세를 했으며, 자신이 사는 코살라의 사위성에도 모시고 싶다는 소망을 말씀드렸고 승낙을 얻게 된다.

사위성에 돌아온 수닷따는 부처님과 제자들이 머물 수 있는 사원을 지으려 장소를 물색했다. 그 결과로 파사익왕의 태자인 '제따(Jeta, 제뜨리Jetṛ, 기타祇陀)' 왕자 소유의 동산이 최적지로 판단되었고, 수닷따는 왕자에게 동산을 팔라고 요청했다. 아쉬울 것이 없는 왕자는 당연히 거절하였으나 워낙 끈질기게 요청을 하자 농담처럼 "동산을 금화로 덮는다면 그 값에 팔지."라고 한마디 했다. 이에 장자는 금화로 동산을 덮기 시작했고, 이에 놀란 왕자가 그 연유를 묻고는 숲의 나무는 그냥 기증하겠다고 밝혔다. 그리고 그곳에는 일천수백 명이 동시에 기거할 수 있는 사원이 세워졌다. 이것이 '제따태자의 숲에 급고독장자가 세운 절'이라는 뜻의 기수급고독원(祇樹給孤獨園)으로, 기원정사(祇園精舍)라고도 하는 곳이다.

이는 일반신도가 지은 최초의 절이면서 당시로서는 최대 사원이었다. 바로 이곳에서 부처님은 사위성에 오실 때마다 머무시며 법문을 하셨던 것이다. 그래서 금강경 등에서는 부처님께서 기수급고독원(기원정사)에서 대비구 1,250인과 더불어 계셨다고 기록하고 있는 것이다.

◀ 수닷타 장자가 제따동산을 사기 위해 금을 깔고 있는 장면
  - 해인사 대적광전 팔상탱 녹원전법상 부분도

VIII - 2
고국을 방문하심

태자를 떠나보낸 정반왕은 단 한시도 아들을 잊을 수 없었다. 어쩌면 다른 출가자들이 다시 집으로 돌아와 가정을 이루듯이, 또는 바라문 출신들이 국사(國師)가 되기 위해 출가 수행하다가 다시 돌아오듯이, 그렇게 돌아와 왕위를 계승할지도 모른다는 기대를 하고 있었는지도 모른다. (실제로 모든 부모님들은 어느 정도 도를 닦고 나면 집으로 돌아올 것이라는 기대를 하고 있다) 왕은 수행 도중에도 여러 차례 대신들을 보내 환궁을 종용했지만 실패했었다. 또한 깨달음을 이루시고 부처님이 되었다는 소문이 들리는 데도 카필라로 돌아오지도 않을뿐더러 여러 차례 보낸 대신들마저 출가해 버리고 돌아오지 않는 것이었다.

이윽고 부왕은 부처님이 태자시절 친구처럼 지냈으며, 왕의 충직한 심복인 우다이(카루다이)를 보내기로 했다.

"우다이여! 그대가 출가하든 아니하든 그것은 네 자유이나 반드시 나를 아들과 만날 수 있게 해다오."

"그러하겠나이다. 대왕이시여!"

우다이 역시 부처님을 만나자 출가하였다. 그리고 카필라로 가실 것을 권할 시기가 될 때까지 7~8개월 동안 부처님을 모셨다. 이윽고 시기가 되었다고 판단한 우다이가 세존께 여쭈었다.

"존귀하신 스승이시여! 나무들은 붉은 과실로 열매를 맺고 잎이 져서 불꽃처럼 빛나고 있습니다. 위대하신 영웅이시여! 바야흐로 깨달음의 단맛을 나눌 때입니다. 추위도 없고 더위도 없으며, 걸식하며 살아갈 정도로 기근도 없어, 대지는 신선한 초록으로 빛나고 있습니다. 위대하신 현자이시여! 때는 지금이옵니다."

이렇게 예순 가지 게송을 노래하며 부처님께 고향으로 가실 것을 권하였다.

그러자 스승께서는 우다이에게 말씀하셨다.

"우다이여! 그대는 대체 무슨 까닭으로 달콤한 말을 하며
　내게 고향으로 갈 것을 권하는가?"

"존귀하신 스승이시여! 부왕께서 만나고 싶어 하십니다.
　친족들을 만나 주소서!"

"알겠다, 우다이여! 친족을 만나겠다.
　비구들에게 알려서 모두 떠날 채비를 갖추도록 하라."

- 『니다아나 까타아』 -

▲ 네팔에 있는 카필라성 유적지에
있는 건물 기단부

부처님께서는 이처럼 우다이의 간청으로 인해 카필라로 가시게 되는데, 그 시기와 출발하는 장소 등에 관해서는 경전마다 약간씩 차이가 있다. 어느 곳에서는 출발지를 왕사성의 죽림정사라고 하였고, 또 어떤 곳은 사위성의 기원정사라고 하였다. 여러 가지 측면으로 봐서 기원정사에서 출발하신 것으로 보이며, 그 시기는 성불 후 6년쯤으로 추정된다.

『니다아나 까타아』에는 이때 2만여 명의 제자가 동행했다고 기록하였고, 다른 곳에서는 1,250명으로 기록하고 있다. 부처님께서는 항상 제자들이 흩어져서 가르침을 전할 것을 강조하셨으므로 이처럼 많은 제자와 함께 움직이지는 않았을 것으로 생각된다.

부처님의 방문을 알리려 우다이 비구가 카필라로 먼저 출발했고, 부처님께서는 많은 제자들과 더불어 교화를 하시면서 2개월 정도의 여정 끝에 카필라성 밖의 니그로다 숲에 이르셨다. 그러나 부처님께서는 숲에 머무시며 거리에서 탁발을 하셨다.

카필라 사람들은 옛날의 그 훌륭한 모습의 태자가 이제 거록하신 부처님이 되시어 오신다는 소식에 들떠 있다가 부처님의 이런 모습을 보고 매우 놀란 듯하며, 특히 부왕은 매우 노하여 숲으로 찾아왔다.

"붓다시여! 어찌하여 당신은 우리 가문에 수치심을 갖게 하며, 무엇 때문에 탁발을 하며, 왕궁으로 오지 않는 것이오?"

"부왕이시여! 이것은 우리 가문의 관습인 것입니다."

"붓다시여! 우리 왕족은 어느 누구도 걸식하지 않습니다."

"부왕이시여! 그 왕가의 혈통은 부왕의 혈통입니다. 우리의 혈통은 저 연등불로부터 가섭불과 저에게까지 이어지는 부처의 혈통입니다. 모든 부처님들은 걸식으로 생명을 유지한 것입니다."

▼ 부처님께서 카필라를 방문하셨을 때 머무셨다는 쿠단의 유적

이렇게 부처님과 부왕 정반왕은 다시 만나게 되었고, 처음에는 아직도 당신의 아들이라는 생각을 갖고 있던 정반왕은 싯다르타가 이미 당신의 아들이 아닌 모든 사람의 스승이 되셨다는 것을 인정하기에 이른다. 그리고 부처님께서도 연로하신 부왕에게 부지런히 선행을 하면서 마음을 맑히는 방법을 지도하시어 아라한과를 증득할 수 있도록 하셨다는 기록이 보인다.

『니다아나 까타아』에 의하면 부처님의 방문 초기에는 석가족의 왕족과 귀족 중에 젊은 사람들만 부처님께 예를 갖추었다고 한다. 그러나 부처님은 개의치 않고 여러 가지 가르침을 설파하셨고, 이윽고는 모든 이들의 마음이 열리어 부왕을 비롯한 원로들까지도 스승의 예로 모셨다고 한다.

6년간 홀로 라아훌라를 키운 야쇼다라비는 부처님께서 왕궁에 드시어 공양을 받으실 때도 거처에서 나오지 않았다. 주위 사람들이 "어서 행차하시어 저 고귀한 분께 예배를 올리소서."하고 권했지만, 야쇼다라비는 "만약 내게 사랑의 덕이 있다면 저 분은 스스로 내게 오실 것이다. 그렇게 된다면 예배할 것이다."고 답하며 움직이지 않았다.

부처님께서는 부왕을 통해 당신의 출가 이후 야쇼다라비가 거친 옷을 입고 침상을 사용하지 않았으며, 하루 한 끼의 식사만 하면서 일체의 장신구도 사용하지 않았고, 화장도 하지 않은 채 마치 수행자처럼 생활했다는 설명을 듣게 된다. 부처님

▲ 야쇼다라비가 부처님의 발에 이마를 대고 예배하는 장면

께서는 공양을 마치시고는 스스로 태자비의 거처로 찾아 가셨다. 그러자 태자비는 급히 달려와 부처님의 복사뼈를 잡고, 그 발에 자기의 머리를 부비며 예배하였다.

부왕과 부인이었던 두 사람의 교화야말로 아마도 가장 어려운 일이었을 것이다.

VIII - 3
석가족의 교화

부처님께서는 카필라에 머무시면서 가까운 인연들을 차례로 출가시키셨다. 아마도 부처님께서는 이후에 당하게 될 카필라의 멸망을 알고 계셨던 것 같다.

먼저 왕위 계승자인 이복동생 난타왕자를 출가시키셨다. 난타는 이미 결혼한 몸이었고 아내를 사랑했지만 부처님의 말씀을 따랐다. 경전에는 난타가 아내를 잊지 못하여 번민하는 모습이 여러 곳에서 서술되고 있는데, 부처님께서는 왕위를 계승하는 것과 결혼 생활을 계속하는 것보다는 깨닫는 것이 더욱 훌륭한 일이라고 타이르셨던 것이다.

이어서 부처님의 사촌동생인 아니룻다, 밧제리카, 데바닷타 등을 출가시켰다. 이 중에서 아니룻다는 처음에는 수행을 소홀히 하였으나 부처님의 꾸중을 계기로 밤잠을 자지 않고 정진하여 실명에 이르지만, 이윽고 천안(天眼)을 얻어 천안제일이라 불리게 된다. 경전에는 실명한 아니룻다가 바느질을 어렵게 하는 것을 보시고 부처님께서 대신 해 주시는 광경이 서술되어 있기도 하다.

▶ 부처님의 십대제자 가운데 기억력이 가장 좋아서
모든 설법을 기억한 다문제일인 아난다 존자상 - 대만 불광산사

▲ 부처님께서 눈이 먼 아니룻다를 위해 옷을 기워주시는 모습
- 대만 불광산사

아난다는 부처님을 곁에서 시중들며 부처님
께서 설법하시는 것을 가장 많이 듣고 기억하
여 다문제일(多聞第一)로 일컬어진다. 특히 마
하아쁘라자아빠띠이와 야쇼다라가 출가를 원
했을 때 장로들의 반대를 무릅쓰고 부처님께
세 번이나 청하여 여인의 출가를 가능케 하였
다. 또한 부처님께서 열반에 드신 후 결집 때에
는 경(經)을 서술하는 일을 책임지게 되는데,
경전 앞의 '이와 같이 내가 들었다.(여시아문如
是我聞)'는 구절은 아난다존자가 기억하고 있
던 법문을 암송하면서 했던 말이라고 한다.

데바닷타는 수많은 경전에서 보이듯이 부처님께서 연로하셨을 때 교단을 자기에게 넘길 것을 요구했고, 부처님께서 거절하시자 부처님의 목숨을 노린 반역자로 나오고 있다. 그러나 남방불교의 '빨리율'에는 부처님의 말년에 5개 항의 교단개혁 사항을 요구한 것으로 되어 있다. 그 5개 항목은 **다음과 같다.**

1. 일생 동안 숲 속에서 살아야 한다.
2. 일생 동안 탁발에 의해 음식을 얻어야 하며,
   신자의 집에 초대되어 음식의 대접을 받아서는 안 된다.
3. 일생 동안 버려진 천으로만 옷을 만들어 입어야 한다.
   (분소의糞掃衣)
4. 일생 동안 나무 아래에서 수행하고
   집안으로 들어가서는 안 된다.
5. 일생 동안 고기나 생선을 먹어서는 안 된다.

이상의 조항은 당시 일반 사문들의 고행 생활에 근거한 것으로 부처님께서는 지나친 고행을 피하게 하고 규정 또한 어느 정도는 관대했던 것으로 보인다. 부처님께서는 데바닷타에게 스스로 그렇게 수행하길 바란다면 그렇게 해도 좋지만 다른 사람들까지 그런 생활을 하라고 강권해서는 안 된다고 물리치셨다.

결국 데바닷타는 새로운 파를 만든 것으로 보이며, 이 파는 상당 기간 존속했던 것으로 보인다. 경전에 가끔 잘못 수행하는 이를 꾸짖을 때 '제바종의 무리밖에 안 된다.(바른 목적은 잊고 수단을 중시하는 자 라는 꾸중)'고 하는 것이 여기에 근거한 것으로 보인다. 또 현장스님의 『대당서역기』에도 제바종도(提婆宗徒)를 언급하고 있으므로 그때까지 존속했을 것으로 추정한다.

부처님께서 카필라에 가셨을 때 아들 라아훌라는 열두 살의 소년이었다. 야쇼다라비는 아들 라아훌라에게 아버님이신 부처님께 가서 재산 상속을 요구하라고 시켰다.

◀ 데바닷타가 부처님을 해치기 위해 코끼리에게 술을 먹여서 부처님 가는 길에 풀었다는 이야기를 표현했다
- 미얀마 불화

▲ 라아훌라가 어머니의 지시대로 재산 상속을 부처님께 요구하자
출가를 시키셨다

"보십시오, 왕자여! 수많은 제자를 거느린 저 황금처럼 빛나
는 범천과 같은 사문, 저분이 왕자의 아버님입니다. 저분은 매
우 많은 재산을 갖고 계셨지만 출가하신 이후로 거기에 손을
댄 적이 한 번도 없었습니다. 저분에게 가서 '아버님! 저는 왕
자입니다. 즉위하면 저는 전륜왕이 될 것입니다. 제게는 재산
이 필요합니다. 재산을 물려주십시오. 자식은 아버님의 재산
을 상속할 수 있지 않습니까?' 라고 요구하십시오."

왕자는 세존께 가서 아버지를 향한 애정으로 기쁜 마음에
다음과 같이 말씀드렸다.

"세존이시여! 당신의 그림자 한 가운데 있으니
참 행복합니다. 제게 재산을 물려주십시오."

부처님께서는 다음과 같이 생각하셨다.

'이 아이는 부친이 갖고 있는 재산을 갖고 싶어 하여 고뇌로 가득 찬 윤회의 소용돌이에 빠져 버리게 되었구나, 이제 이 아이에게 깨달음의 도량에서 얻을 수 있는 보물을 주어 출세간의 재산을 소유케 하리라.'

그리고는 존자사리푸트라에게 말씀하셨다.

"사리푸트라여! 그대는 왕자 라아훌라를 출가시키도록 하라!"

그러나 라아훌라의 출가는 정반왕에게는 더할 수 없는 고통이었다. 왕은 그 고통을 견디기 어려워 부처님께 다음과 같이 간청하였다.

"세존이시여! 부디 부모의 승낙을 얻지 못한 아이는
출가시키지 않도록 하여 주소서."

세존께서는 그 간청을 받아들여 미성년자는 반드시 부모의 동의가 있어야 출가할 수 있도록 하셨다.

- 『니다아나 까타아』 -

왕족의 출가에 대한 슛도다나왕의 입장은 아픔 그 자체였을 것이다. 태자는 어차피 출가하여 부처님이 되셨지만, 그 다음의 왕위 계승자인 난타와 라아훌라마저도 출가해 버렸으니 오죽했겠는가. 이로써 슛도다나왕의 직계는 물론 조카들마저도 출가해 버렸으니, 왕위마저도 물려줄 수 없게 되었던 것이다. 뒷날 카필라가 코살라에게 멸망당할 때의 왕 '마하남'은 석가족의 다른 계보라고 짐작된다.

부처님의 입장에서는 당신께서 수행하시어 깨달음을 이루셨으니 가까운 혈족들을 출가시켜 모두 해탈에 이르게 하는 것이 너무나 당연한 일이었을 것이다. 그뿐만 아니라 카필라의 멸망을 예견한 입장에서는 더더욱 가만히 보고 있을 수만은 없으셨을 것이다.

물론 이런 예견에 대해서는 미리 부왕에게 말씀드려 생전에 또 다른 고민을 하게 할 필요가 없었으니 자세한 설명도 하기 어려운 것이다. 그렇지만 카필라의 인과나 또 국력으로나 도저히 피할 수 없는 상황이었기에 부처님께서는 가능한 석가족을 많이 출가시키려고 애쓰신 것 같다.

▲ 부처님의 십대 제자 가운데 은밀한 수행에 으뜸이셨던 밀행제일 라아훌라존자상 - 대만 불광산사

세상 일이란 참 묘한 것이라서 누군가가 미래를 예견하고 알려 준다 해도 눈앞에 그 상황이 전개될 때까지는 믿지도 않을뿐더러 오히려 비난만 받게 마련이다. 하긴 워낙 혹세무민하는 일이 많으니 옥과 돌을 가리기가 쉽지는 않다.

VIII - 4
특별한 출가

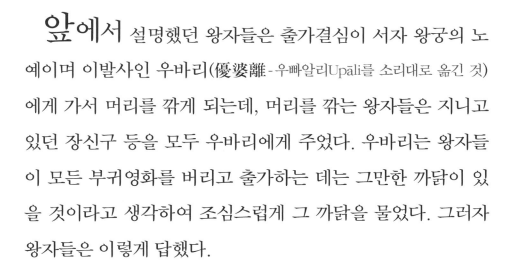

앞에서 설명했던 왕자들은 출가결심이 서자 왕궁의 노예이며 이발사인 우바리(優婆離 - 우빠알리Upāli를 소리대로 옮긴 것)에게 가서 머리를 깎게 되는데, 머리를 깎는 왕자들은 지니고 있던 장신구 등을 모두 우바리에게 주었다. 우바리는 왕자들이 모든 부귀영화를 버리고 출가하는 데는 그만한 까닭이 있을 것이라고 생각하여 조심스럽게 그 까닭을 물었다. 그러자 왕자들은 이렇게 답했다.

"부처님은 진리를 깨달으신 분이시다. 그리고 이 세상의 모든 고통을 다 벗어 버리셨다. 부처님의 깨달음은 이 세상의 무엇보다 값진 것이므로 우리는 깨달음을 위해 부처님의 제자가 되려 한다."

우바리는 자신의 처지로는 부처님의 제자가 될 수 없을 것이라고 한탄하다가, 태자시절의 자애로우신 모습과 또 부처님이 되신 후의 그 자비스러우신 모습을 떠올리고는 혹시나 하는 생각으로 용기를 내어 부처님을 찾아뵙고 출가가 가능한지를 여쭈었다. 부처님께서는 그 자리에서 바로 출가를 허락하셨다.

우바리 이전의 출가자들은 대부분 바라문이나 크샤트리아 출신이었다. 그러므로 출가한 순차로 선후배를 정하는 질서에 별 문제가 없었다.

그러나 천민 출신인 우바리의 출가는 다른 사람들에게 혼란스러웠던 모양이다. 우바리의 뒤를 이어 출가하게 된 왕족들은 교단의 관행대로 먼저 출가한 이들에게 인사를 올리게 되었는데, 우바리 앞에 와서는 절을 하지 않고 그냥 서 있었다. 그것을 본 부처님께서는 나무라셨다.

"너희들은 무엇을 주저하고 있느냐? 이곳에서는 왕족도 노예도 없느니라. 세속의 귀천을 뛰어넘는 것이 출가이니 마땅히 먼저 출가한 우바리에게 절을 해야 하느니라."

▲ 부처님의 십대 제자 가운데 계율을 가장 철저히 지킨 지계제일 우바리존자상 - 대만 불광산사

왕족들이 참회하고 절을 올리자, 부처님께서는 다음과 같은 법문을 하셨다.

"제각기 다른 이름의 강들이 있다. 그러나 그 강이 바다에 이르면 강의 이름은 사라지고 모두가 바다가 된다. 그처럼 바라문, 크샤트리아, 바이샤, 수드라의 그 어떤 출신도 출가하여 나의 제자가 되면, 모두가 하나의 승가이며 동등한 부처의 제자일 뿐이다."

우바리로 인한 문제는 재가자에게도 문제가 되었던 모양이다. 왜냐하면 종족이 다른 우바리는 외형적으로도 바로 표시가 나기 때문이었다.

왕이 부처님께 법문을 들으려 와서 예배를 올리려다 부처님 곁에 우바리가 있는 것을 보고 비켜 달라고 요구했다가 부처님으로부터 평등에 대한 법문을 듣고서야 예를 올렸다고 기록되어 있다.

당시의 관습으로 보면 우바리의 출신 성분으로는 결코 다른 출가자들과는 함께 자리할 수 없는 것이었지만, 부처님께서는 단호하게 이 세속적 차별을 타파하셨다.

경전의 여러 곳에서 부처님의 다음과 같은 말씀을 기록하고 있다.

"바라문도 그 행동이 천박하고 그 마음이 삿되면 천한 사람이 되는 것이고, 수드라도 그 마음이 바르고 행실이 착하면 훌륭한 사람이 될 수 있다. 사람은 태어날 때의 출신에 따라 귀천이 정해지는 것이 아니다."

부처님의 이러한 가르침은 현재 우리의 생각으로는 너무나도 당연한 말씀으로 받아들여지지만, 출생에 따라 귀천이 정해져 버리던 당시의 인도에서는 아무도 거스를 수 없었던 장벽이었다. 우리나라만 하더라도 양반과 천민이 있던 시절에는 같은 자리에 앉는 자체가 불가능했던 것이다. 좀 다른 경우이긴 하겠으나 요즘에도 직장의 자리에 따라 인격마저도 무시당하는 경우가 많지 않은가.

우바리존자는 배운 것이 없었기 때문에 부처님의 법문을 받아들이는데도 결코 뛰어날 수 없다고 생각하였던 것 같다. 그 대신 부처님께서 지키라고 하는 것만큼은 목숨을 걸고 철저히 지켜 나갔다. 결과적으로 계율을 지키는 데는 우바리존자를 따를 사람이 없었고, 지계제일(持戒第一)로 십대제자에 들게 되는 것이다.

일불제자(一佛弟子-모두가 똑 같은 부처님의 제자)라는 입장에서 보면, 오늘날 출가한 사찰과 스승에 따라 문중을 따지는 일이 부처님의 뜻에 어긋난다고 할 수 있다. 그뿐만 아니라 출가하면서 새로 태어난다는 뜻으로 받게 되는 법명(法名) 앞에 속가의 성을 붙이는 것 또한 바람직하지가 않다. 예전의 스님들은 법명 또는 법호 앞에 속가의 성이 보이지 않는데, 일제 강점기부터 속가의 성을 쓰기 시작한 듯하다. 꼭 성을 붙이려면 석가모니의 제자라는 뜻으로 석(釋)씨를 사용하였던 것이다. 그러므로 오늘날 속가의 성을 당연한 듯 쓰고 있는 것은 지양되어야 할 것이다.

하긴 요즘 관공서에서 행사 등으로 공문서를 보내거나 초청장을 보낼 때 속가의 성명으로 보내는 경우가 많은데, 종단에서 별도의 노력이 필요한 것 같다.

VIII - 5
여성의 출가

앞에서 아난다존자가 여성출가를 부처님께 간청한 사실을 언급했었는데, 교단 입장에서 보면 여성의 출가는 큰 사건이었던 것으로 보인다.

싯다르타의 아내였던 야수다라(耶輸陀羅-야쇼다라아 Yaśodharā)와 양모 마하파사파제(摩訶波闍波提-마하아-쁘라자아빠띠이 Mahā-prajāpatī)는 왕자들이 다 출가하고 왕족이 대거 출가한 후 숫도다나왕마저 승하하자, 부처님을 의지하는 마음이 더욱 커져서 부처님 곁에서 머물 수 있기를 바랐다. 그리고 그 방법은 출가하는 길 밖에 없었던 것이다.

마하파사파제와 야수다라는 왕궁의 여인들과 더불어 머나먼 길을 걸어 부처님 계신 곳에 이르자 간절한 마음으로 출가를 허락해 주십사고 간청하였다. 그러나 장로들은 모두 강하게 반발하였다.

당시의 현실을 보면, 출가수행자는 거의 얇은 천으로만 몸을 가리는 정도였고, 대부분의 생활을 숲 속에서 지내야 했다. 그런 만큼 여성으로서는 여러 가지로 수행하기에 어려움이 많

◀ **부처님과 십대 제자 및 권속들**
　- 송광사 영산전(靈山殿) 석가모니 후불탱, 1725년 조성

았던 것이다. 바로 이런 이유로 부처님께서도 허락을 하지 않으셨다. 그러나 아난다존자의 세 번에 걸친 간청으로 부처님께서는 여러 장로들의 반대를 물리치고 출가를 하락하셨다. 그러나 반드시 비구스님들이 머물고 있는 곳 가까이에 집단으로 거주하여 보호받게 하였고, 또한 지켜야 할 계율의 조항을 엄격히 하여 수행 생활에 따르는 여러 가지 장애를 극복하게 조치하셨다.

부처님께서는 모든 존재가 평등하다고 설파하셨고, 또한 계급타파도 하신 분이셨는데, 수행하여 깨닫는 일에 남녀의 차별

을 두셨을 리는 없는 것이다. 다만 환경적 요인과 승단의 질서 등의 문제로 보호 장치를 하신 것으로 보는 것이 옳을 것이다.

여성의 출가를 계기로 비구와 비구니의 이부(二部)의 승가(僧伽)가 이루어졌고, 교단으로서는 우바새(남자신도)와 우바이(여자신도)를 합쳐 사부대중(四部大衆)이 형성되었다.

◀ 비구니의 출가를
허락하신 곳으로
알려져 있는
바이샬리의
대림정사 유적

VIII - 6
카필라의 멸망 인과

부처님이 태어나셨던 고국 카필라는 부처님께서 세상에 계시는 기간에 멸망하게 되는데, 부처님께서는 이미 그 인과를 읽고 계셨다.

석가족은 유난히 자기 종족에 대한 자긍심이 강했던 것으로 생각되는데, 바로 이것이 화근이 된다.

당시 인도에서 두 번째로 강국이었던 코살라국의 프라세나지트(파사닉波闍匿)왕은 석가족의 왕녀를 왕비로 삼고자 했다. 그러나 석가족의 왕족들은 코살라를 야만스럽게 생각했으므로 석가족의 왕족 처녀들은 아무도 시집을 가려 하지를 않았다. 할 수 없이 왕족과 하녀 사이에서 태어난 우세리를 왕녀로 속여 시집을 보내게 되었다. 이리하여 태어난 왕자가 비루다카(비유리毘流離)였다. 비루다카는 어린 시절을 어머니의 나라인 카필라에 와서 학문과 무술을 연마하게 되었는데, 그때 카필라의 왕자들로부터 따돌림을 받으며 모욕적인 말을 듣게 되었다.

"비루다카! 너의 어머니 우세리는 천한 출신이다. 네 몸속에는 천민의 피가 흐르고 있다. 그러니 왕자라고 우쭐댈 것이 없다."

자신의 출신 성분을 알게 되고, 게다가 모욕까지 당한 비루다카는 언젠가 그 모욕에 대한 앙갚음을 하리라 다짐했다. 이모욕감은 성장하면서 점차 부모에 대한 적개심으로 바뀌었고, 결국에는 왕의 자리를 뺏고 부모를 국외로 추방해 버렸다.

프라세나지트왕과 왕비는 카필라로 망명하게 되는데, 도중에 왕이 죽어 석가족이 장례를 치렀다. 부왕의 죽음을 알게 된비루다카는 이번엔 카필라를 멸망시키겠다며 군대를 끌고 쳐들어갔다.

▼ 카필라의 멸망을 막으려고
  비루다카가 진격하는 길목의 뙤약볕에 앉으셨던 부처님

▲ 폐허가 된 카필라 유적의 서문 기단부

비루다카의 공격을 아신 부처님께서는 군대가 지나갈 길목의 고목 아래 앉아 계셨다. 비루다카는 부처님의 모습을 보고 곧 수레에서 내려 부처님께 예배하고 그 연유를 여쭈었다.

"부처님! 어찌하여 잎이 무성한 나무 그늘을 버리고, 가시가 많고 마른 나무 아래 앉으시어 뜨거운 햇볕을 받나이까?"

"잎이 무성한 나무보다는 나는 잎이 마르고 가시가 많은 나무(가난하면서도 자존심이 강한 석가족을 상징) 아래 앉아 있는 것이 편안하다오. 비록 고목이긴 하나 작은 그늘은 있는 법이라오. 그와 같이 한때 대왕에게 서운하게 한 친척이지만, 그래도 친척의 그늘은 시원한 법이라오. 나는 나의 종족인 석가족을 불쌍히 여기기 때문에 여기 앉아 있는 것이오."

비루다카는 부처님의 뜻을 알고는 바로 회군하였다. 그러나 원한을 이기지 못한 비루다카는 다시 진격했고, 부처님께서도 다시 막으셨다. 이렇게 하길 세 번이 지나고 네 번째의 공격이 이루어질 때에는 부처님께서도 어쩔 수 없음을 아셨다. 석가 족 출신의 제자들이 모두 간청을 드리자 부처님께서는 다음과 같이 말씀하셨다.

"숙세의 업은 여래도 어찌할 수가 없다."

카필라는 결국 항복하였다. 그래도 분이 풀리지 않은 비루 다카는 닥치는 대로 석가족을 죽였다. 마하남 왕은 비루다카 에게 간청했다.

"대왕이시여! 내가 연못에 들어가 물속에 잠겼다가 나오는 짧은 동안만이라도 내 종족을 놓아주시오."

이에 비루다카는 그 정도는 허용할 수 있다고 약속했다. 그 러나 한번 들어간 마하남은 좀처럼 물 밖으로 나오지 않는 것 이었다. 그 사이 석가족은 피신하였다. 이상하게 생각하여 조 사해 보니, 마하남은 물속의 풀뿌리에 자기의 머리카락을 묶 고는 나무를 껴안은 채 죽어 있었던 것이다. 비루다카는 그 모 양을 보고 뉘우쳤다.

"백성을 위해 저와 같은 죽음을 택하는데, 나는 지난날의 모욕을 참지 못해 많은 사람을 죽였구나."

비루다카는 쉬라바스티로 돌아가자 부처님을 찾아뵙고 설법을 들었다.

"탐욕은 모든 고통과 죄악의 근원입니다. 탐욕은 어리석은 마음에서 생깁니다. 마음속에 있는 탐욕의 때를 지우지 않고는 고통에서 벗어날 수는 없습니다. 모든 마음의 번뇌는 탐욕에서 생기는 것이며, 탐욕이 많은 사람은 가지려는 것이 많으므로 걱정도 많습니다. 탐욕을 버리면 마음의 평화가 이루어지며, 열반에 이를 수 있습니다. 맑은 물에는 모든 것이 비치듯이 깨끗한 마음에는 바른 지혜가 나타납니다.

옛날 욕심 많은 왕이 있었는데, 왕의 궁전에는 매우 큰 과일나무가 있었습니다. 나무가 너무 크고 높아서 과실을 다 딸 수가 없었으므로 왕은 나무를 베었습니다. 비록 그때는 모든 과실을 다 딸 수 있었지만, 나무가 죽었기 때문에 다시는 그 맛있는 과실을 얻을 수 없게 되었지요."

비루다카는 부왕 프라세나지트왕을 추방한 것으로부터 석가족을 살육한 것을 크게 뉘우쳤다. 그러나 그 인과를 벗어날 수 없었던지 뱃놀이 나갔다가 배에 불이 나는 바람에 젊은 나이에 타 죽고 말았다고 한다.

▲ 인과로 멸망한 카필라성 유적에 샤카족의 후손들이 걸어가고 있다

부처님께서는 석가족의 인과를 알고 계셨다. 그래서 석가족을 최대한 출가시켰고, 또 막을 수 없음을 아셨으면서도 전쟁을 막아 보려 하셨으며, 비루다카의 나쁜 인과도 막아 보려 하셨던 것이다.

인과의 법칙은 어느 누구도 면할 수 없다. 눈에 보이는 법칙인 형법 등은 어떻게 요령이라도 부리지만, 인과법은 눈에 보이지 않는 대신에 피하는 법도 없는 것이다. 유일한 방법이 지금 당장 좋은 방향으로 전환하는 것이다.

부처님께서는 이미 만들어진 인과를 바꿀 수 없다는 것을 아시지만 그래도 방향을 전환하려고 최선을 다하셨다. 이것이 바로 자비이다. 이 인과는 맑은 마음으로 살펴보면 누구나 볼 수 있는 것이다. 그러나 자기중심적인 사고를 가진 사람은 바로 눈앞의 것에만 집착하기에 멀리 보지도 못하고 넓게 보지도 못하는 것이다. 그래서 인과의 법에 어둡고, 나쁜 방향으로 가기가 쉽다.

VIII - 7
특별한 교화

부처님의 교화에 특별하지 않은 것이 없지만, 그중에서도 유난히 우리를 몸 떨리게 감동시키는 몇 가지 예를 살펴보고자 한다. 특별한 출가로 소개했던 우바리의 출가도 그중에 하나로 볼 수 있다.

⊙ 멍청한 주리반특가(周利槃特迦:Cūḍapanthaka)

주리반특가(주리반특周利槃特, 주리반득周利槃得, 주리반타가周利槃陀伽, 주다반탁가朱茶半託迦, 주나반특周那槃特으로도 옮겨졌음)는 출가한 형에게 이끌려 부처님의 제자가 된 이다. 그는 원래 기억력이나 이해력이 형편없었기 때문에 부처님의 가르침을 이해할 수도 없었고 기억하지도 못했다. 세월이 흘러도 진전이 없자, 주리반특가는 자신처럼 어리석은 사람이 부처님의 제자로 있다는 것은 부처님께 대단히 죄송한 일이라고 생각했으며, 스스로 수행이 불가능하다고 생각했었다. 어느 날 부처님을 찾아 뵙고 말씀드렸다.

▲ 부처님의 가르침에 따라
청소를 수행으로
마음까지 청소한
주리반특가존자상
- 대만 불광산사

"저는 매우 어리석어 부처님의 말씀을 기억하지도 이해하지도 못합니다. 또한 세상 사람들은 제가 부처님의 제자라는 것을 알면 부처님을 비웃지 않을까 걱정이 됩니다."

슬픈 표정을 읽은 부처님께서는 주리반특가의 등을 쓰다듬으시면서 자애롭게 말씀하셨다.

"스스로가 어리석다고 생각하는 사람은 자만에 빠진 사람보다 어리석지 않다. 포기하지 말라. 너는 먼지를 털어내고 마당을 쓰는 일을 할 수 있겠느냐?"

주리반특가는 눈물을 닦으며 부처님께 말씀드렸다.

"그런 일이라면 할 수 있습니다."
"그러면 앞으로는 '먼지를 털고 더러움을 쓸어낸다'는 말만 외우며 청소를 하도록 해라."

그때부터 주리반특가는 오직 청소만 하면서 '먼지를 털고 더러움을 쓸어낸다'고 되뇌었다. 요즘 식으로 표현하면 화두(話頭)를 간(看)한 것이다. 의심은 부족했으나 간절함이 힘이 되었음은 말할 것도 없다.

세월이 흐르면서 주리반특가는 맑아지기 시작했고, 이윽고는 부처님께서 말씀하신 그 구절이 무엇을 뜻하는지도 깨닫게 되었다. 다시 말해 자신의 청정한 본성이 탐·진·치 삼독으로 인한 업장에 가려져 있으므로, 바로 그 먼지를 털어내고 더러움을 쓸어낸다는 것임을 깨달은 것이다.

주리반특가는 아라한과를 증득하고 장로가 되었다. 당시 비구니들은 주기적으로 비구인 장로스님으로부터 법문을 들었던 것으로 보이는데, 한번은 부처님께서 주리반특가 장로를 보냈다. 평소 어리석은 인물로 소문이 나 있던 주리반특가가 오자 비구니들은 의아하게 생각했다. 그러나 부처님께서 보내셨기에 어쩔 수 없이 법문을 듣게 되었다. 그러나 법문이 시작되자 스스로가 깨달은 경지를 설파하는 주리반특가 장로의 법문에 대단한 감명을 받았다고 전한다.

부처님께서는 사람의 지능지수나 배운 학식 등을 중시한 것이 아니라 참된 지혜를 중시하셨다. 그리고 이 지혜는 외적인 조건에 의하는 것이 아니라 오로지 스스로의 본성을 깨닫는 것으로 가능하다고 말씀하셨다.

어떤 이들은 스스로 머리가 나빠서 어려운 불교공부를 할 수 없다고 하는데, 간단한 의문을 파고드는 참선공부나 부처님의 명호를 계속 암송하는 염불정진에는 높은 지능이 크게 상관이 없겠다. 오히려 뛰어난 학식이나 높은 지능의 사람들이 자신의 관념에 빠져 버려 더 수행을 못할 수도 있음을 알아야 한다.

⊙ 살인마 앙굴리마라(鴦婁利摩羅, Angulimāla)

앙굴리마라(Angulimāla,앙굴리마알라~앙굴마라·앙굴리말라·앙구마라 등으로 번역)는 부처님의 제자가 되기 전에 살인마로 불리던 인물로 본명은 '아힘사까(不害者-해를 끼치지 않는 사람)'이다.

아힘사까는 12살부터 쉬라바스띠성의 '마니 발타라' 바라문을 스승으로 섬겼다. 그는 대단한 용모에 구도심이 강한 인물로 스승의 총애를 받으며 청년으로 성장했다.

한편 마니 발타라에게는 젊은 아내가 있었는데, 늙은 남편을 싫어하고 젊고 잘생긴 아힘사까를 흠모하고 있었다.

어느 날 바라문이 출타한 사이에 부인이 아힘사까를 방으로 불러 자기의 사랑을 고백했으나 아힘사까는 어머니와 같은 위치에 있는 사모님과 그럴 수 없노라고 정중히 거절하였다. 이에 수치스럽고 분하게 생각한 부인은 아힘사까를 차라리 내쫓기로 결심하였다.

바라문이 돌아오자 부인은 옷을 스스로 찢고는 방에 누워 꼼짝도 하지 않았다. 그 연유를 묻는 바라문에게 부인은 제자인 아힘사까가 자신을 추행하려 했다고 거짓말을 하였다. 대단히 화가 난 마니 발타라는 아힘사까를 죽여야겠다고 생각했다. 그러나 자신이 직접 죽이면 문제가 될 것이므로 한 꾀를 생각해 내었다. 바라문은 아힘사까를 불러 이렇게 말했다.

"너는 5백 명의 제자 중에서 가장 뛰어나다. 특별히 너에게 비법을 전수하고 싶은데, 매우 어려운 일을 먼저 실행해야만 전수해 줄 수 있느니라. 할 수 있겠느냐?"
"어떠한 어려운 일이라도 기어코 실행하여
   비법을 전수받고 싶습니다."
"그렇다면 앞으로 천명의 사람을 죽여
   손가락을 하나씩 잘라 목걸이를 만들어 오너라!"

순간 아힘사까는 대단히 놀랐으나 워낙 스승을 절대적으로 믿고 있었고, 또한 특별한 비법을 전수받고 싶다는 열망으로 살인의 길을 떠나게 되는 것이다.(요즘 사이비교도들이 빠지는 함정도 비슷하다)
사람이 잘 다니지 않는 한적한 곳에서 시작된 살인은 점차 대담해졌고, 사람들은 무서운 살인귀의 출현을 두려워하게 되었다. 그러면서 '손가락으로 목걸이를 한 사람'이라는 뜻의 '앙

굴리마라'로 불리게 된 것이었
다. 이 소문은 아힘사까의 어머
니에게도 전해졌다. 아힘사까
의 어머니는 그렇게도 착했던
당신의 아들이 살인마가 되었
다는 사실에 놀라 살인을 멈추
게 해야겠다는 생각으로 길을
나섰다. 아힘사까가 어머니를
만나게 된 그날은 이제 마지막
한 명만을 남겨 놓은 때였다.
이미 제 정신이 아닌 아힘사까
는 어머니도 알아보지 못했다.
아힘사까는 이제야 목적을 이
룰 수 있게 되었다며 어머니에
게 다가갔다. 마침 그때 악행을

▲ 삿된 스승으로 인해
살인마가 된 앙굴리마라를
제도하시는 부처님

멈추게 하기 위해 길을 나선 부처님께서 도착하셨다.

"멈추어라, 아힘사까야! 너의 이름은 아무도 해치지 않는다
는 뜻의 아힘사까가 아니냐? 어찌하여 무고한 사람을 살육하
는 앙굴리마라가 되었느냐? 본래 네 모습으로 돌아가라!"

앙굴리마라는 돌아서서 부처님께 덤벼들었다.

"사문아! 도망가지 말고 거기 서라."

"나는 도망가지 않는다. 나는 이미 멈추었다.
　모든 고통의 수레바퀴를 멈춘 지 오래이다.
　이제 네가 멈출 때이다. 제발 정신을 차려라."

　너무나 당당하시고 자애로우신 부처님의 모습을 보는 순간, 그 두려움 없는 모습과 불쌍하게 보시는 그 눈빛에 압도되어 앙굴리마라는 문득 제정신을 되찾았다. 그리고는 자신을 살펴보았다. 몸은 온통 피투성이이고 손에는 칼이 들려 있었으며, 목에는 사람의 손가락으로 만든 목걸이가 걸려 있었다. 앙굴리마라는 칼과 목걸이를 팽개치고 부처님께 귀의하였다.

　그 후 프라세나지트왕이 앙굴리마라를 체포하러 왔을 때, 부처님께서는 다음과 같이 말씀하셨다.

　"대왕이시여! 앙굴리마라는 이미 죽었습니다. 저기 있는 아힘사까는 다시 태어났습니다. 전생의 더러운 피를 깨끗이 씻었으며, 여래의 청정한 옷으로 갈아입고 다시 태어났습니다. 사형에 처한다고 무슨 이득이 있겠습니까? 스스로 그 빚을 갚을 수 있게 내게 맡겨 주십시오."

　왕은 부처님을 신봉하였기에 사면을 해 주었다. 그러나 쉬라비스띠의 사람들은 쉽사리 용서하지 않았다. 아힘사까는 탁발을 나가면 사람들로부터 매를 맞아 거의 피투성이가 되어 돌아왔다. 그러나 끝내 수행을 포기하지 않았기에 이윽고 아라한과를 증득하였고, 결국엔 사람들로부터 존경받는 장로가 될 수 있었다.

⊙ 불가촉천민 니이다이

　부처님께서 쉬라비스띠의 제타동산 급고독원에 계실 때였다. 부처님께서는 언제나처럼 식사 때가 가까워지자 제자들과 탁발을 위해 성안으로 들어가셨다. 마침 불가촉천민인 니이다이가 오물통을 메고 버리러 가다가 사람들에게 둘러싸인 거룩한 모습을 보고는 멈춰서서 우러러 보고 있었다. 부처님께서는 니이다이에게로 가까이 다가오셨다. 니이다이는 자신의 신분을 아는지라 깜짝 놀라 뒤로 주춤거리며 물러섰다. 그러다 넘어지면서 오물이 사방으로 튀었다. 자신은 말할 것도 없고 부처님까지도 그 오물에 더럽혀진 것을 안 니이다이는 사색이 되었다. 니이다이는 황급히 무릎을 꿇고 두려움에 떨며 부처님께 살려달라고 눈물로 애원했다. 불가촉천민은 사람도 아닌 셈이었고, 부처님은 왕족출신에다가 이제는 모든 바라문까지도 예경하는 분이 아닌가. 니이다이로서는 이제 죽었다는 생각밖에 할 수 없었을 것이다.

　부처님께서는 이름을 물어보신 후, 미소를 머금으신 채 손을 내미셨다.

▼ 불가촉천민인 니이다이가 오물을 쏟아 부처님의 몸을 더럽혔으나
부처님께서 니이다이를 일으켜 세우시는 모습 - 대만 불광산사

"니이다이여! 내 손을 잡고 일어나라.

　그리고 나와 함께 강에 가서 씻도록 하자."

"저 같이 비천한 놈이 어찌 감히 부처님과 함께 가옵니까?

　잘못하면 저는 죽습니다. 그냥 내버려두시고 용서하옵소서."

"염려 말라, 니이다이여! 아무도 너를 죽일 사람이 없다.

　여래의 법은 청정한 물과 같으니 일체를 받아들여

　더러움으로부터 정화하여 해탈케 하나니,

　나의 법안에는 오직 동등한 수행자가 있을 뿐이다."

　부처님께서는 니이다이의 손을 잡아끌고는 강에 이르러 손수

씻겨 주셨고, 니이다이는 출가하여 훌륭한 수행자가 되었다.

▼ 깨달음에 이른 아라한들도 이전엔 모두 범부였다

⊙ 가난한 여인 난다

부처님과 인연이 깊었던 빔비사라왕이 아들 아자타사투왕에게 폐위되어 죽은 후, 아자타사투(아사세)왕은 잘못을 뉘우치고 부처님의 교화를 받게 되었다. 아자타사투왕은 신자가된 후로 죽림정사에 밤마다 등불을 밝혀 부처님과 제자들이불편이 없도록 하였다. 왕의 등불공양은 곧 라자그리하 전체에 파급되어 밤이면 죽림정사에는 많은 등불이 밝혀졌다.

라자그리하에는 아주 가난한 '난다'라는 여인이 있었는데, 남의 집일을 해주거나 때로는 걸식으로 끼니를 이어가는 처지였다. 어느 날 난다는 문득 다음과 같은 생각을 하게 되었다.

"아자타사투왕이나 부호들은 많은 복을 짓는구나. 나는 가난해서 부처님과 같은 거룩하신 분과 같은 세상에 살면서도공양 한 번 올리지 못하는구나. 나도 부처님께 등불을 하나 올려서 복을 받고 싶다."

난다는 거리에 나가 구걸을 하여 두 닢의 돈을 얻었다. 그 돈으로 기름을 사려 하니 가게 주인이 그 형색을 보고 물었다.

"그 돈으로는 기름을 살 수는 없다.

그런데 무엇 때문에 기름을 사려고 하는가?"

난다가 부처님께 등불공양 올리는 것이 소원이라는 말을 하자, 가게 주인이 약간의 기름을 주었다. 난다는 죽림정사로 달려가 외딴 곳에 등불을 밝히고 부처님이 계신 곳을 향해 간절

▲ 난다가 작은 등불을 밝혔던 죽림정사 유적지

히 기도했다.

"가난한 난다는 보잘 것 없는 등불을 부처님께 공양 올리오니, 기쁘게 받아 주옵소서! 바라옵건대 이 작은 불빛이 모든 사람들의 어두운 마음을 밝게 비추게 하옵소서! 난다를 비롯한 가난한 사람들 모두에게 용기와 복덕을 주옵소서! 아울러 이 불쌍한 난다도 훗날 깨달음의 길로 나아갈 수 있도록 자비와 지혜의 힘을 베풀어 주옵소서!"

그날 밤 죽림정사가 있는 숲에는 바람이 세차게 불었다. 왕을 비롯한 대신이나 부호들이 켜 놓은 등불들이 모두 바람에 꺼져 버리고, 오직 난다의 작은 등불만이 환하게 빛을 발했다.

그 연유를 묻는 제자들과 아자타사투왕 일행에게 부처님께서는 이렇게 말씀하셨다.

"저 작은 등불은 가난하여 끼니를 때우기도 어려운 처지에 있는 여인이 자신의 모든 것을 바친 것이다. 지극한 정성과 간절한 서원으로 밝혀진 등불이니 결코 꺼지지 않을 것이다. 이러한 인연공덕으로 난다는 다음 세상에 반드시 성불하게 될 것이다.

여래에게 올리는 공양물이나 이웃에게 보시하는 것은 그 양이 많다고 해서 공덕이 되는 것이 아니라 오직 지극한 믿음과 정성, 그리고 깨끗한 마음에 의해 공덕을 받는 것이다.

베푼 것을 자랑하지 않고, 자신을 내세우지 않는 공양과 보시, 그리고 일체의 조건이 없고, 또한 마음에 티끌만큼의 집착이 없는 그러한 보시가 제일가는 공덕이다."

▼ 가난한 여인 난다의 작은 등불은 어둠을 밝히는
영원한 신심의 등불이 되었다

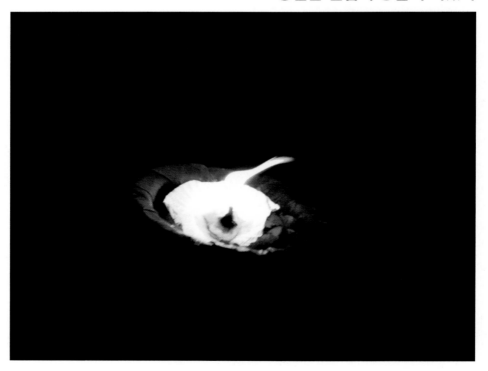

IX.
입멸(入滅)을 준비하며(마지막 여정)

- 쌍림열반상(雙林涅槃相)

Ⅸ · 입멸(入滅)을 준비하며(마지막 여정) - 쌍림열반상(雙林涅槃相)

부처님의 교화에 대한 일화는 한없이 많기에 경을 통해 공부하여야 할 것이고, 지금부터는 부처님께서 열반을 생각하시며 시작하는 여행길을 따라가 보도록 하자.

이 마지막 여행길에 대한 설명은 『대반열반경(大般涅槃經)』과 『장아함경(長阿含經)』의 「유행경(遊行經)」에 소상하게 설명되어 있는데, 위의 경을 중심으로 살펴보도록 한다.

부처님의 입멸(入滅)은 흔히 '열반에 드셨다'고 표현된다. 이미 설명했듯이 열반(涅槃)은 nirvāṇa, nibbāna를 소리대로 옮긴 말로 '불을 끄다'는 뜻이지만, 불교에서는 '번뇌의 불을 불어 끈 상태'라는 의미에서 해탈과 깨달음을 뜻한다. 따라서 부처님께서 보리수 아래에서 깨달음을 이루신 것이 곧 열반에 이르신 것이 되지만, 한편으로는 육신의 활동이 멈춘 상태를 '열반에 드셨다'고도 표현한다.

위와 같은 이유로 깨달음에 이르신 것을 유여열반(有餘涅槃 -일체 번뇌는 다 소멸했으나 육체가 남아 있어 그로 인한 장애를 받는다는 뜻)이라 하고, 육체적 활동이 끝난 것을 무여열반(無餘涅槃-육체로 인한 장애마저도 사라진 고요한 경지라는 뜻)이라고 구분하기도 한다. 그러나 『금강경』에서 '보살은 모든 중생을 다 무여열반(완벽한 열반, 완전한 깨달음)에 들게 하겠다는 마음을 내어야 한다'고 했듯이 정확하게 구분되는 것은 아니다.

◀ 부처님께서 사라쌍수 아래에서 열반에 드심
  - 해인사 팔상탱 쌍림열반상, 조선시대

IX - 1
아자타사투왕의 질문

부처님께서 깨달음을 이루신 후 여러 곳을 다니시며 엄청난 사람들을 교화하시는 세월이 어느덧 44년이 흘렀다. 이미 세수 79세에 이르신 부처님께서는 마가다국 라자그리하(왕사성) 인근의 영취산(기사굴산)에 계셨다.

이때 마가다국의 아자타사투왕은 이웃한 밧지국을 점령할 계획을 세우며 대신인 우사(禹舍)를 보내 부처님께 그 뜻을 여쭈었다. 우사의 말을 들으신 부처님께서는 아난다존자에게 **다음과 같은 일곱 가지 사항을 물으신다.**

① 밧지국 사람들은 상하가 화합하고 서로 존경하는가?

② 법과 예절을 잘 지키고 범하지 않는가?

③ 부모에게 효도하고 어른을 곤경하면서 순종하는가?

④ 조상을 숭배하고 제사를 정성껏 지내는가?

⑤ 여자들이 정숙하고, 또한 사람들이 여자를 잘 보호하는가?

⑥ 출가 수행자와 깨달음을 얻은 아라한을 잘 모시는가?

⑦ 자주 모임을 갖고 서로 바른 일을 의논하는가?

IX · 입멸(入滅)을 준비하며(마지막 여정) - 쌍림열반상(雙林涅槃相)

364

이 질문에 대하여 아난다존자는 밧지국 사람들이 모두 그렇
게 하고 있다는 말을 들었다는 답을 올린다.

▼ 부처님께서 마가다의 대신 우사의 질문에 답해 주시는 장면
　- 대만 불광산사

이에 부처님께서는 대신 우사에게 이렇게 말씀하셨다.

"우사여! 나는 언젠가 바이샬리에 머물면서 밧지국 사람들에게 이와 같이 나라가 쇠망하지 않고 발전하는 일곱 가지 법에 대해 설명하였소. 밧지국 사람들이 이러한 일곱 가지 가르침을 지키고 있는 한 결코 쇠망하지 않을 것이오."

우사를 통해 부처님의 말씀을 전해 들은 아자타사투왕은 밧지국 정복을 포기하고 오히려 밧지국의 공격에 대비하였다고 한다.

▼ 부처님과 인연이 깊었던 밧지국이 있었던
　바이샬리의 대림정사 유적

IX - 2
승단 유지와 수행을 위한 말씀

우사를 돌려보낸 뒤 제자들을 모이게 한 후에 부처님께서는 당신의 입멸 이후 교단이 화합하고 발전할 수 있는 방법에 대해 말씀하셨다.

"비구들이여! 잘 들어라. 내가 그대들을 위해 승가가 쇠퇴하지 않고 발전할 수 있는 **일곱 가지 방법**을 설하리라.

첫째, 출가자는 자주 모여서 회의를 갖되,

　　　언제나 바른 마음으로 해야 한다.

둘째, 출가자는 화합하는 모임을 갖되,

　　　화합으로 결정하며 서로가 공경해야 한다.

셋째, 정해진 법대로 하여 계율에 따라야 한다.

넷째, 수행이 깊은 장로 비구와 선배 비구,

　　　또는 승단의 지도자를 존경하고

　　　그들의 말에 따라야 한다.

다섯째, 어리석은 탐욕을 갖지 말아야 한다.

여섯째, 출가자는 숲 속에서 기거하며,

세속 생활을 생각하지 말고

청정한 수행을 닦아야 한다.

일곱째, 각자 제멋대로 행동하지 말 것이며,

바른 생각을 굳게 지키고

좋은 일은 남에게 돌릴 것이며,

이익과 명예를 탐내지 말아야 한다.

이와 같이 일곱 가지 법을 지키면 승단은 결코 쇠망하지 않으리라.”

이어서 부처님께서는 출가자 개개인의 수행을 순조롭게 할 수 있는 일곱 가지 가르침을 말씀하셨다.

“욕심을 줄여라. 침묵하라. 잠을 적게 자라. 파당을 만들지 말라. 덕이 없으면서 스스로 높은 체 자랑하지 말라. 나쁜 사람과는 벗이 되지 말라. 조용한 숲 속에서 지내기를 즐겨라.”

이것은 부처님께서 영취산에서 하신 마지막 법문이라고 생각해도 좋을 것이다. 비록 부처님께서 입멸하신지 2,500여 년이 흘렀지만, 나라가 발전할 수 있는 법이나 승단의 문제, 또한 출가자의 개인적 수행법 등이 사무치게 와 닿는다.

특히 승단의 발전을 위해 화합하고 공경하며 선후배간의 위계를 따르면서 서로 양보해야 한다는 점은 율장에도 그대로 명시되어 있는 내용이며, 이익과 명예를 탐하지 않고 세속적 가치관에서 벗어난다면 참다운 승가의 모습이 회복될 수 있을 것이라는 것은 우리 모두가 알고 있는 사실이다. 그뿐만 아니라 승단의 차원에서나 출가자 개인에게 있어서나 언제나 철저한 수행을 강조하셨고, 철저한 수행이야말로 생명 같은 것임을 일깨워 주신다.

▼ 서로 이끌어 주고 따르며 가르치고 배운다면 어찌 여법하지 않으랴
- 다람살라 남걀사원의 달라이라마 존자님 설법

IX - 3
마지막 여행길에 오르심

영취산에서의 마지막 설법을 하신 후, 부처님께서는 마지막이 될 여행길에 오르셨다. 그것은 쉬라바스띠를 거쳐 카필라바스투를 향하는 여정으로 짐작되는데, 이 여행길에는 아난다를 비롯한 제자들이 함께했다.

부처님께서는 날란다촌(당시에는 작은 마을에 불과했다)을 거쳐 뒷날 마가다국의 수도가 되는 파탈리를 지나신다. 이어 갠지

▼ 부처님께서 마지막 여정에 들르셨던 날란다촌
- 뒷날 세계 최고의 날란다 대학이 세워졌다

스를 건너시고, 코띠 마을과 나디까 마을을 지나서 바이샬리에 이르시게 된다. 부처님께서는 바이샬리(Vaiśāli-비사리, 베사리)에 이르시자 성 밖의 벨루바나(竹林)에 머무셨다.

부처님께서 이곳에 당도하셨을 때는 흉년이 들어 걸식하기가 매우 어려웠다. 그 때문에 부처님께서는 따르던 제자들과 흩어져서 우기의 안거를 맞았으며, 당신은 아난다존자와 벨루바나촌에 머무셨다.

이 바이샬리성은 릿차비족의 중심 도시로 부처님께서 세상에 계실 당시에 크게 번영한 곳이며, 당시 정치는 공화제였고 상업 도시였다고 한다. 훗날 마가다의 아자타사투왕의 지배 아래에 들어갔고, 기원후 쿠샨왕조와 석가족의 통치를 거쳐 굽타왕조시대에 이르기까지 번영을 누린 도시이다.

부처님께서 열반에 드신 후 제1차 결집은 라자그리하의 칠엽굴에서 500장로가 모여 율과 경을 우팔리존자와 아난다존자의 책임 아래 행해졌으나, 제2차 결집은 바로 바이샬리에서 불멸 후 100년 경에 야사스(Yaśas-야사耶舍)장로의 주도로 700장로가 율장을 결집하였다. 『유마경』의 무대도 이 바이샬리이며, 유마거사는 릿차비의 대부호로 설정되어 있다.

바이샬리의 마지막 안거(安居) 중에 부처님께서는 격심한 통증을 수반한 노환에 시달리게 되는데, 선정에 들어 삼매의 힘으로 병을 이겨내며 육신을 연명해 나가셨다. 당신께서 아 난다에게 말씀하신대로 '낡은 수레가 오래된 가죽 끈으로 겨 우 지탱되는' 그런 상황이었으나 전국에 흩어진 제자들이 우 기의 안거를 끝내고 모일 때쯤에 열반에 드실 마음으로, 육신 의 인연을 정신력으로 연장하셨던 것으로 보인다.

반년 정도의 기간을 연장할 수 있을까? 하는 의심을 할 수도 있겠으나 얼마든지 가능한 일이기도 하다. 이런 예는 고승(高 僧)들의 경우에도 흔했던 일로, 우리나라에서도 최근세까지 있었다. 이것은 수행력이 뛰어났던 재가불자들에게서도 보였 던 것으로 자신의 임종 날짜를 미리 밝히기도 하고, 또한 필요 하다면 연기하기도 했던 것이다.

부처님께서는 육체적 죽음마저도 가르침의 계기로 삼으시 기 위해 노쇠한 육체의 힘든 상태를 기꺼이 받아들이시며 적 절한 때를 기다리신 것으로 보인다. 그 모습을 지켜보던 아난 다존자는 자신도 이미 늙었지만, 부처님에 대한 걱정으로 조 마조마해 했던 것으로 보인다.

어느 날 부처님께서 모처럼 방에서 나오셔서 나무 그늘에 앉으시자 아난다존자는 부처님께서 열반에 드신 후의 승단 (僧團)문제를 여쭙게 된다.

"세존이시여! 왜 지금까지 제자들에게 부처님 가신 뒤의 승 단문제에 대해 가르침과 분부가 없습니까?"

"아난다여! 수행자가 내게 기대할 바가 있다고 생각하는 것은 옳지 못하다. 나는 이미 모든 법을 설하였다. 나는 비밀로 하는 것이 없다. 나는 지금까지 '내가 대중을 이끌고 있다'거나 '승가가 나에게 속해 있다'고 생각하지 않았다. 그런데 어찌 승단의 후계자 따위에 대해 말하겠느냐.

아난다여! 내가 열반에 든 후에 스스로가 등불이 되고 스스로가 의지처가 되며, 법을 등불로 삼고, 법을 의지하는 사람이야말로 참 나의 제자요, 이 승가에서 가장 높은 위치에 있는 자이다."

▼ 부처님께서 암라팔리와 인연을 맺게 된 바이샬리의 대림정사 유적

부처님의 이러한 말씀은 우리가 익히 알고 있는 가섭존자를 후계자로 정했다는 내용과는 사뭇 다르다. 부처님의 가르침에 의해 살펴보면 승가의 절대적 권위를 한 사람에게 일임한다는 것도 무언가 석연치 않다는 것을 알 수 있다. 이미 승가의 율법이 있기 때문에 절대적 권위자가 필요 없는 것이다.

우기가 끝나 제자들이 모였을 때 향탑(香塔-차이트야, 승원僧院)에서 이렇게 말씀하셨다.

"수행자들이여! 그대들은 마땅히 알라. 나는 법으로써 몸소 체험하여 최고의 정각을 이루었다. 그대들 또한 이 법 가운데 살면서 물과 우유가 서로 잘 섞이듯이 화합하고 존중하며, 다투어 송사를 일으키지 말고 힘써 수행하면서 서로 등불이 되도록 하라. 수행자들이여! 여래는 3개월 후에 대열반에 들 것이다."

부처님께서는 이제 열반하실 시기를 말씀하셨다. 이렇게 하심으로 해서 제자들로 하여금 남은 의심을 부처님께 여쭈어 풀도록 하고, 한편으로는 흩어진 제자들이 한자리에 모일 수 있도록 한 것이다. 마지막으로 바이샬리를 떠나시기 전에 기생 암라팔리의 공양에 응하셨는데, 경전에 기록될 만큼 유명한 일화를 남긴 사건이 되었다.

암라팔리는 많은 기녀를 거느린 바이샬리 최고의 기생으로 막대한 재산의 소유자이기도 했다. 이전에 부처님께서 바이샬리에 오셨을 때, 이 암라팔리도 부처님의 설법을 듣고는 신자가 되었으며, 자신의 망고 숲을 부처님께 보시하였다. 그 후 부처님께서는 바이샬리에 오실 때면 주로 이 망고 숲에 머무셨다. 『유마경』도 이곳에서 설해졌음을 보여 준다.

"이와 같이 나는 들었다. 어느 때 세존께서 바이샬리의 암라팔리 숲에 8천의 비구들과 함께 계셨다."

『유마경』의 배경이 될 만큼 이 암라팔리의 망고 숲은 바이샬리에서 유명한 곳이었다. 경에는 숲이라고만 되어 있으나 우기를 피하기 위해서는 당연히 사원이 있었을 것이다.

마지막 여정에서도 부처님께서는 이 암라팔리의 망고 숲에 들리셨는데, 이 소식을 들은 암라팔리는 곧 수레를 몰아 부처님을 찾아뵙고 설법을 들은 후 부처님과 제자들을 공양에 초청하였다. 릿차비족 거사들도 부처님을 공양에 모시려 했는데, 이미 암라팔리와 약속이 된 것을 알고는 '10만금'에 양보하라고 종용했다. 그러나 암라팔리는 바이샬리 전체를 준다 해도 양보할 수 없다고 했으며, 부처님께서도 암라팔리의 진심을 아시고는 기꺼운 마음으로 공양을 받으셨다고 한다.

▲ 쿠시나가라는 예나 지금이나 가난한 곳이다

　이 공양을 마지막으로 부처님께서는 바이샬리를 떠나시게
된다. 떠나시던 날 부처님께서는 아난다에게 "이로써 내가 바
이샬리를 보는 것도 마지막이 되리라"고 하시면서 코끼리처
럼 천천히 바이샬리를 돌아보셨다.

부처님께서는 바이샬리를 떠나 반다마을과 핫티마을을 지나 간다카강을 건너시고 몇몇 마을을 거치시며 이윽고는 쿠시나가라의 파바마을의 이르시어 대장장이의 아들 춘다의 망고 숲에 머무시게 된다.

춘다는 '대장장이의 아들'로 표현되었듯이, 아마도 수공업에 종사하며 부를 축적하여 큰 동산을 가질 정도의 재력가였던 것으로 보인다. 춘다는 부처님과 제자들을 공양에 청하고 법문을 듣게 되는데, 이때 부처님께서는 네 종류의 수행자에 대해 말씀하셨다.

네 종류의 수행자란 **승도(勝道)·설도(說道)·활도(活道)·오도(汚道)**로 한역경전에 나오고 있다.

승도(勝道)란 도에 뛰어난 사람이니,

이는 수행하여 도를 깨달은 사람이다.

설도(說道)란 진리를 잘 알아

다른 사람에게 설법하여 교화하는 사람이다.

활도(活道)란 도에 따라 살아가는 사람,

즉 부처님의 가르침대로 생활하려고 노력하는 사람이다.

오도(汚道)란 도를 더럽히는 자이니,

부처님의 가르침을 잘못 해석하거나

또는 어긋나게 생활하는 자이다.

이 공양 초청으로 춘다는 많은 가르침을 받게 되지만 부처님께서는 이것이 마지막 공양이 될 것임을 알고 계셨던 것 같다. 부처님께서는 특별음식으로 만든 버섯요리(혹은 돼지고기요리)를 제자들에게는 주지 말라고 하신 뒤 당신만 드셨는데, 얼마 되지 않아 심한 복통이 일어났다. 일종의 식중독 현상이 나타난 것이다. 부처님께서는 아난다 등에게 서둘러 쿠시나가라로 가자고 하시어 춘다의 집을 떠나신다. 문제가 심각하게 된 것을 안 제자들은 춘다를 원망했고, 춘다는 어쩔 줄 몰라 하며 뒤를 따랐다.

부처님께서는 복통으로 자주 쉬시게 되는데, 그때 대중들과 춘다의 마음을 읽으시고는 다음과 같이 말씀하셨다.

"여래는 춘다의 공양으로 열반에 들게 되는 것이 아니니라. 춘다의 공양은 내가 성불하기 직전에 수자타가 올린 공양처럼 무량한 공양이 되느니라. 그대들은 춘다를 원망해서는 안 되거니와 춘다의 이 마지막 공양의 공덕을 세상 사람들에게 알리도록 해야 하느니라."

이 말씀을 들은 춘다는 비로소 마음이 편안해졌다.

부처님께서는 이미 열반을 예고하셨듯이 당신의 육신이 한계에 이르렀음을 알고 계셨다. 그 때문에 춘다의 공양이 무리한 것임을 알고 계셨지만, 이 공양을 계기로 대중을 다시 깨달음으로 인도하신 것이다. 당신의 고통 따위는 아랑곳하지 않으시는 이런 대자대비의 삶이 바로 부처님의 참된 모습일 것이다.

▼ 춘다가 지극한 신심으로 공양을 올렸으나
  이것이 부처님의 마지막 공양이 되었다

▲ 부처님께서는 쿠시나가라를 생애 마지막 장소로 선택하셨다

▼ 부처님께서 마지막으로 몸을 씻으신 구손(까꿋따) 강

IX - 5
쿠시나가라 사라나무 숲

부처님께서는 쿠시나가라에 이르시자 구손(까꿋따)강에서 몸을 깨끗이 씻으신 후, 강 옆 사라나무 숲에 드시어 두 그루의 사라나무 아래에 자리를 잡으셨다. 가사를 네 겹으로 접어 자리를 만들게 한 후 북쪽(카필라 방향)으로 머리를 두시고, 오른쪽 옆구리를 바닥에 붙이시고 발을 포개어 누우신 다음 선정에 드셨다.

이때 아난다존자가 부처님께 여쭈었다.

"세존이시여! 부처님께서 열반에 드신 뒤의 장례는 어떤 법식으로 행해야 합니까?"

"아난다여! 그대들 출가 수행자들은 여래의 장례 문제에 대해 신경을 쓰지 말라. 그대들은 오직 바른 법을 지니고 보호하며 증득하기 위하여 쉼 없이 정진하라. 그리고 그대들은 어떻게 하면 다른 사람에게 여래의 법을 올바로 전해 줄 수 있을까를 생각하라.

아난다여! 여래의 장례에 대해서는 믿음이 깊은 재가신자들이 원하는 대로 스스로 알아서 처리할 것이다."

부처님께서는 출가제자들에게 당신의 열반 후 일체 일에 신경 쓰지 말고 오로지 수행에 힘쓰라고 말씀하셨다. 이 부분은 출가자에게 가장 소중한 일이 무엇인가를 다시 일깨워 주신다. 장례 문제로부터 사리의 분제와 사리탑의 건립, 그리고 탑의 관리에 이르기까지의 행위들은 분명 출가자의 본분은 아닐 것이다. 그러나 재가신자들의 경우는 다르다.

부처님을 찾아뵙고 공양 올리며 법문을 듣는 것으로 신행생활을 해 오던 이들에게 부처님이 계시지 않는다는 것은 심각

▼ 쿠시나가라의 마지막 여정에는 많은 제자들이 부처님의 뒤를 따랐다

한 문제인 것이다. 물론 부처님께서는 '진리로서의 법신상주 (法身常住-진리의 몸으로서의 부처님은 항상 우리 곁에 계신다는 것)'를 말씀하셨지만, 재가신자들에게는 공허하게 느껴질 수도 있기 때문이다. 그래서 부처님의 몸에서 나온 사리를 두고 전쟁이 일어날 뻔했고, 결국에는 사리탑의 신앙으로 전개되기도 한 것이다.

부처님의 입멸 후 재가신자들은 부처님을 상징하는 것이라면 무엇이든지 신앙하는 자세를 취해 간다. 처음에는 보리수에 대한 신앙이나 부처님의 발자국에 대한 신앙으로 만족했지만, 점차 부처님의 모습을 그리워하여 불상이나 불화를 조성하기에 이르는 것이다.

어떤 이들은 이런 것들이 다 필요 없는 것이라고 일축해 버린다. 원칙적으로는 합당한 말이지만, 그러나 꽃을 보면 좋아하고 오물을 보면 싫어하는 감성의 세계에서는 존경하는 분의 모습을 볼 수 있도록 하는 것은 특별한 의미가 있는 것이다. 바로 그 형상을 통해 구체적인 방향을 설정하기도 하기 때문이다.

어떤 이들은 그렇기 때문에 경전이 있는 것 아니냐고 반문할 것이다. 경전은 대단히 중요한 지침서이지만 스스로의 경지가 열리기 전에는 가장 오해하기 쉬운 것도 경전인 것이다. 경전도 마음속에 상(相-관념)을 만들기는 마찬가지이며, 어쩌면 더 심할 수도 있기 때문이다.

IX - 6
열반에 드시는 모습

　부처님께서는 열반에 드실 때가 되었다고 생각하시어 아난다에게 이르셨다. "아난다여! 그대는 이제 쿠시나가라에 들어가 모든 말라족 사람들에게 이렇게 알려라. '쿠시나가라 사람들이여! 부처님께서는 오늘 밤중에 두 그루 사라나무 사이에서 열반에 드실 것입니다. 그대들은 모두 부처님을 뵙고 모든 의심되는 것을 묻고 직접 가르침을 받으십시오. 그대들은 이때를 놓쳐 뒷날 후회하는 일이 없도록 하십시오.' 라고."

▼ 마지막 제자 수바드라를 위해 힘든 몸을 추스려
　팔정도 등을 설하시는 부처님

쿠시나가라 성에는 말라족이 살고 있었는데, 부처님의 다비는 바로 이 말라족 사람들에 의해서 봉행된다. 그 때문에 이들에게 부처님께서 열반에 드실 것이라는 사실을 미리 통지하게 되고, 쿠시나가라 성의 말라족들은 부처님께서 열반에 드시기 직전에 인사를 드리고 또 질문할 수 있는 기회를 갖게 된 것이었다.

성안에는 120세에 이른 '수바드라'바라문이 있었는데, 이 소식을 듣고는 부처님을 찾아뵙고자 했다. 그러나 너무 늦게 도착한 관계로 아난다존자는 거절할 수밖에 없는 상황이 되고 말았다. 바라문은 그럴수록 부처님을 직접 뵙고는 당신의 궁금한 점을 여쭙고자 했다. 이 대화를 들으신 부처님께서는 바라문을 가까이 오게 해서 팔정도를 설하시어 마음을 열리게 하셨다. 수바드라는 너무나 기쁜 나머지 부처님의 출가제자가 되고자 했고, 부처님께서 허락하시어 최후의 출가자가 되었다.

▶ 부처님께서는 바로 이 사라나무 숲 아래에서 걸음을 멈추셨다

▲ 제자들에게 마지막 가르침을 말씀하신 후 영원한 평화에 드신 부처님
 - 미얀마 불화

아난다존자는 곧 부처님께서 열반에 드실 것을 알고는 최후의 질문을 여쭙게 된다.

"세존이시여! 지금까지 저희들은 의심이 있으면 세존을 뵙고 가르침을 받아 왔습니다. 부처님께서 열반에 드신 후에는 가르침을 받을 수도 없고, 우러러 뵈올 수도 없습니다. 어찌하면 좋겠습니까?"

아난다의 질문을 받으신 부처님께서는 지극히 고요하고 평화로운 상태에서 다음과 같이 말씀하셨다.

"아난다여! 너무 걱정하지 말라. 여래의 모든 제자들은 항상 네 가지를 생각하면 된다. 그것은 여래가 태어난 곳과 처음으

▲ 영원한 평화에 드신 부처님과는
   달리 남겨진 불자들의 슬픔은 너무나 컸다 - 미얀마 불화

로 도를 이룬 곳, 그리고 진리를 처음 설한 곳과 열반에 드는
바로 이곳을 생각하면 될 것이다. 이 네 곳을 생각하고 기뻐하
여 보고자 하며, 기억해 잊지 않고 아쉬워하며 사모하는 생각
을 내면 될 것이다.

　아난다여! 내가 열반에 든 뒤에 여래의 제자들은 다음과 같
이 생각하면 될 것이다. '부처님께서 태어나실 때의 공덕과 도
를 증득하셨을 때의 신력은 어떠한가? 부처님께서 진리를 설
하시어 사람들을 교화하시던 모습은 어떠하며, 열반에 이르러
남긴 법은 어떠한가?'를 생각하여 각각 그곳을 방문하고 모든
탑사를 예경한다면, 여래를 만나 가르침을 듣는 것과 다름이
없을 것이다."

▲ 대적멸에 드신 부처님 - 해인사 팔상탱 쌍림열반상 부분도, 조선시대

부처님께서는 이미 다비 절차나 사리 분배 등의 문제에는 출가제자들이 일체 관여치 말고 오로지 수행에만 매진하라고 말씀하셨다. 그런데 여기에서는 사대성지를 순례하고 불탑을 예경하라고 말씀하셨다. 이 두 말씀을 두고 모순된다고 생각할 수 있겠으나, 뒤의 답변은 제자들이 인간적으로 부처님이 그리워지고 뵙고 싶을 때 어떻게 해야 하느냐는 아난다존자의 질문에 대한 것이다. 이는 부처님 재세 시의 모든 일들을 생생하게 떠올려서 부처님의 가르침을 잊지 않고 수행케 하기 위한 방편인 것이다. 지금도 스님들은 공양할 때 이것을 외우며 생각한다. '불생가비라 성도마갈타 설법바라나 입멸구시라'

다음으로 부처님께서는 최후의 말씀을 하셨다.

"비구들이여! 내가 열반에 든 뒤에는 계율을 존중하되 어둠속에서 빛을 만난 듯이, 가난한 사람이 보물을 얻은 듯이 소중하게 여겨야 한다. 계율은 그대들의 큰 스승이며, 내가 세상에 더 살아 있다 해도 이렇게 가르칠 것이기 때문이니라. 비구들이여! 계는 해탈의 근본이니라. 이 계를 의지하면 모든 선정이 이로부터 나오고, 괴로움을 없애는 지혜가 나온다.

그러므로 비구들이여! 그대들은 청정한 계를 범하지 말라. 청정한 계를 지니면 좋은 법을 얻을 수 있지만, 청정한 계를 지키지 못하면 온갖 좋은 공덕이 생길 수 없다. 계는 가장 안온한 공덕이 머무는 곳임을 알아라.

모든 것은 쉼 없이 변해 가니 부디 마음속의 분별과 망상과 밖의 여러 가지 대상에 집착하지 말고 한적한 곳에서 부지런히 정진을 하라. 부지런히 정진하면 어려운 일이 없을 것이다. 한결같은 마음으로 게으름을 원수와 도둑을 멀리하듯 하라.

여래는 방일(放逸)하지 않았기 때문에 정각(正覺)을 이룬 것이니라. 마치 낙숫물이 바위를 뚫는 것과 같이 끊임없이 정진하라. 비구들이여! 이것이 마지막 설법이니라."

부처님께서는 말씀을 마치시자 고요히 열반에 드셨다.

부처님 최후의 말씀은 두 가지로 요약된다.

첫째는 계를 스승처럼 생각하라는 것이다. 이것은 아직 깨치지 못한 상태에서 방향을 잃는 것을 예방하고자 한 것이다. 만약 어리석은 사람일지라도 계율에 의해 생활하기만 한다면 누구나 해탈에 이를 수 있다고 말씀하신 것이다.

물론 대중들이 모두가 합의한다면 사소한 것들은 변경해도 좋다는 말씀을 이전에 하셨다. 그러나 어디까지나 모든 대중이 화합하고 공경하는 분위기일 때라고 못 박았다.

예컨대 대승십선계(大乘十善戒)에 의해 방생·보시·지계를 행하고, 진실한 말·성실한 말·화합시키는 말·부드러운 말을 생활화하며, 스스로를 살피고 안정시키며 지혜를 발현한다면 누구라도 해탈할 수 있는 것이다. 무슨 다툼이나 마찰이 생기겠는가.

둘째는 정진을 강조하셨다. 머리 좋고 노력하지 않는 사람보다 머리가 덜 좋고 노력하는 사람이 성공하는 확률이 훨씬 높다. 그러므로 쓸데없이 머리로만 헤아리지 말고, 또 망상을 진짜 마음이라고 집착하지도 말고, 그저 열심히 고요히 맑히며 노력하라는 것이다. 끝없는 노력만이 깨달음에 이르는 유일한 길임을 말씀하신 것이다.

▲ 아잔타 석굴 사원에 모셔진 열반상은
고요함과 평화로움을 그대로 보여준다

IX-6 열반에 드시는 모습

요즘에는 모든 것을 수행이라고 쉽게 표현하는 이들이 많다. 수행이란 깨닫지 못한 사람이 깨닫기 위해 노력하는 것인데, 아직 지혜가 열리지도 않은 사람이 세속적인 일을 한다고 다 수행이 되는 것은 아니다.

예컨대 스스로도 조절할 수 없는 사람이 차밭을 일구면, 차로 유명해지고 싶다는 욕심이 생길 것이다. 이 욕심을 원력으로 승화시킬 수만 있다면 다인(茶人)으로서의 수행도 가능하겠지만, 그렇지 못하다면 결국 끝없는 욕심 때문에 괴로워하게 될 것이다. 만약 돈을 벌고 싶다는 욕심이 일어나면 이미 수행과는 거리가 먼 차 장사꾼이 되고 마는 것이다.

물론 수행이 한 가지 모습만은 아니다. 그러나 자기가 하는 일이 수행이라고 합리화하기 이전에 다시 한 번 생각해 봐야 한다.

"이 일이 정말 수행으로 합당한 것인가?
나는 지금 수행으로 이 일을 하고 있는가?"

극단적인 예로 화투놀이를 들어 보자. 명절날 함께 있는 가족이 모두 화투놀이를 하자고 조를 때, 가족을 위해 어울리면서 그 결과에 마음이 흔들리지 않는다면 수행이 되겠지만, 진행하자마자 흥분하고 이윽고는 화를 내는 지경에 이르면 결코 수행이라 할 수 없는 것이다.

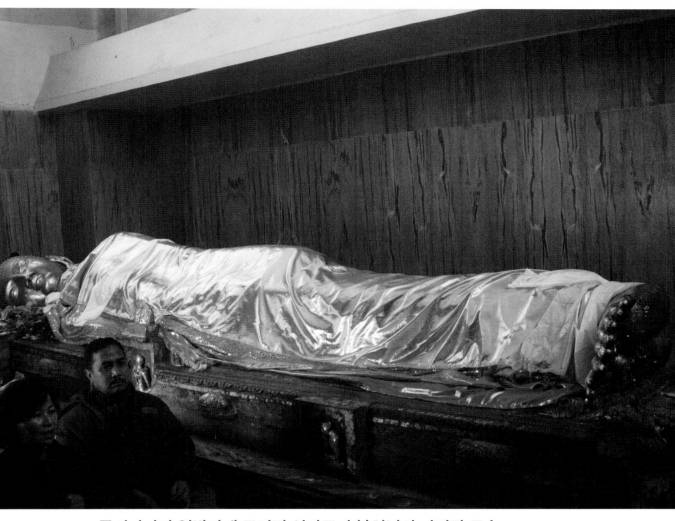

▲ 쿠시나가라 열반당에 모셔진 석가모니 부처님의 마지막 모습

IX - 7
다비식과 사리 분배

부처님께서는 세수 80세를 일기로 이 세상과의 인연을 다하시고 열반에 드셨다. 이 열반을 지켜 본 사람들의 슬픔은 말로 표현하기 어려웠다. 경전에서는 그 슬픔을 '대지가 크게 흔들리고 모골이 송연해지며 하늘에 천둥소리가 요란했다'고 표현했다. 마음의 충격이 바로 이러했던 것이다.

출가제자들은 눈물을 글썽이면서도 지그시 참았지만, 재가 신자들의 경우는 통곡하며 땅바닥에 뒹굴었다고 표현하고 있다. 이때 아나율존자가 "생명이 있는 것은 모두 멸한다. 부처님께서도 예외는 아니다. 이제 그만 슬퍼하라"고 달래었지만 소용없는 일이었다.

부처님이나 혹은 스님의 육신은 인도의 전통이기도 한 화장을 한다. 이를 다비(茶毘)라고 하는데, 팔리어의 자아뻬띠 (jhāpeti)를 소리대로 옮긴 것이며, 소신(燒身) 또는 분소(焚燒)의 뜻이다.

부처님의 장례 절차는 쿠시나가라의 말라국 장로들에 의해 진행되었는데, 우선 사라나무 둘레를 깨끗한 천으로 여러 겹 장막을 치고, 조문객들은 6일 동안 향과 꽃다발과 음악 연주 공양을 올리었다. 그리고 부처님의 시신은 향유로 채워진 관에 모셔졌다. 7일이 되는 날 사라나무 숲을 떠나 쿠시나가라 북문으로 들어가 동문으로 나와서 이윽고 다비 장소에 모셔졌다. 7일 동안 멀리 있던 장로급 스님들이 대부분 모였고, 이윽고 마하가섭 장로가 도착함으로 다비식에 들어갔다.

▼ 부처님을 다비한 곳에 세운 라마부하르 스뚜빠(Ramabhar Stupa)

부처님의 장례 절차와 다비식은 전륜성왕의 격에 맞추어진 것으로 보인다. 이 경우 다비식에 사용되는 나무는 전단향이나 침향목이며, 관은 향유로 채워지며, 관 주위 다비용 나무에도 향유가 부어지고, 그 위에는 꽃으로 장엄되어진다.

마하가섭존자가 부처님의 다비식에 참석하기 위해 오는 동안 '수밧다'라는 비구를 만나게 되었다. 수밧다는 "우리들의 스승 붓다 대사문이 사라졌다. 이제는 우리를 성가시게 속박할 사람이 존재하지 않는다. 다들 울음을 그치고 오늘부터는 자기 마음대로 수행하며 하기 싫은 일은 하지 않고 자유롭게 행동해도 된다."고 오히려 기뻐하는 태도를 취했다. 마하가섭존자는 이를 보고 큰 걱정을 하였고, 그 때문에 부처님의 열반 후 서둘러 율과 경의 결집을 하게 되었다고 한다.

마하가섭존자가 도착하여 부처님의 시신을 모신 관을 돌며 예를 올리자 부처님은 관 밖으로 두 발을 내어 보이셨다고 한다. 이를 두고 후대에는 삼처전심(三處傳心-석존께서 가섭존자에게 세 번에 걸쳐 마음을 전했다는 것. 영취산에서 꽃을 드시자 가섭존자가 미소 지었다는 염화미소拈花微笑, 다자탑 앞에서 설법하실 때 가섭존자가 늦게 도착해 자리가 없자 석존께서 자리 반을 내어 주셨다는 다자탑전반분좌多子塔前半分座, 열반에 드신 후 늦게 도착한 가섭 존자에게 관 밖으로 두 발을 내어 보이셨다는 곽시쌍부槨示雙趺)중의 하나라고 한다.

▶ 부처님께서 입적하신 후 며칠 지나 가섭존자가 도착하자
   부처님께서 관 밖으로 두 발을 내어 보이시는 장면
    - 통도사 영산전 팔상탱 쌍림열반상 부분도

부처님께서 열반에 드시고 다비식이 거행될 때, 부처님과 각별한 인연이 있었던 나라의 왕들이나 종족의 지도자들은 부처님의 사리를 모시고 탑을 세울 생각들을 하였다. 그 때문에 제각기 자기들이 사리를 모셔야 된다고 고집들을 부려 자칫 전쟁까지 일어날 분위기였는데, '드로나'라는 바라문 출신의 지혜로운 재가신자가 중재에 나서서 똑같이 분배할 수 있도록 하였다. 이렇게 해서 부처님의 사리는 8등분이 된다.

내용을 보면,

① 마가다국의 아자타사투왕 ② 바이샬리의 릿차비족

③ 카필라바수트의 샤카족 ④ 알라캅파의 부리족

⑤ 라마그라마의 콜랴족 ⑥ 베타두비타의 바라문

⑦ 파바의 말라족 ⑧ 쿠시나가라의 말라족이다. 분배를 중재했던 드로나는 사리를 담았던 병을 가졌고, 늦게 도착한 핍팔라바나의 모랴족은 남은 재를 가지고 갔다.

이후 사리를 모신 8대탑과 병을 모신 병탑(瓶塔) 그리고 재를 모신 회탑(灰塔)이 세워졌다. 이 8대탑은 세월이 흐른 후 아쇼카왕에 의해 해체되어 인도 전역과 이웃나라에 이르기까지 사리가 재분배되어 불탑이 건립되기에 이르는데, 이를 흔히 8만 4천 탑이라고도 한다.

지금까지 우리는 아주 자세한 것은 아니지만 부처님의 생애에 대해 살펴보았다.

▶ **다비를 마친 후 사리를 분해하는 장면**
　- 해인사 대적광전 팔상탱 쌍림열반상 부분도

▲ 아소카왕이 근본 8대탑을 해체하여
다시 세운 사리탑 중의 하나인 산치 제 1탑

　부처님께서 활동하셨던 땅인 인도, 그리고 부처님과 인연 있는 4대 성지를 비롯한 여러 성지들을 향해 예전 스님들은 부처님에 대한 그리움으로 목숨을 걸고 머나먼 여정에 올랐었다. 신라의 혜초스님이나 당의 현장법사 등은 수많은 죽음의 문턱을 넘어 인도를 순례하신 것이다. 그때에 비하면 오늘날 우리는 너무나도 쉽게 성지순례를 할 수 있다. 그럼에도 모두 힘들게 다녔다고들 한다. 그러나 부처님께서 그런 곳에서 고뇌하시고 출가하시며, 또한 상상을 불허하는 고행을 넘어 정각을 이루신 후, 뜨거운 그 땅을 걸어 다니시며 교화하셨던 일들을 생각한다면 과연 힘들다는 말이 나올 수 있겠는가.

　부처님의 성지를 순례하는 불자들은 구경삼아 나서거나 단순히 참배하기 위한 순례가 아니라 부처님의 참모습을 가슴에 되살리는 기회로 활용했으면 좋겠다.

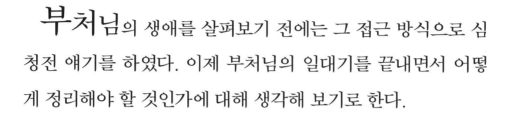

IX - 8
부처님의 생애에 대한 정리

부처님의 생애를 살펴보기 전에는 그 접근 방식으로 심청전 얘기를 하였다. 이제 부처님의 일대기를 끝내면서 어떻게 정리해야 할 것인가에 대해 생각해 보기로 한다.

불교를 어느 정도 공부한 이들은 부처님의 생애에 대한 책을 1~2권 정도는 읽었을 것이고, 또 여러 강좌를 통해 익히 들었던 이야기일 것이다. 그렇기 때문에 부처님의 생애에 대해서 '다 아는 이야기'라고 생각해 버릴 수 있다. 불교를 공부하는 기본은 항상 의심을 놓지 않는 것인데, '안다'는 생각을 하게 되면 더 이상 의심을 하지 않게 되므로 공부에 진전이 없게 된다. 만약 "나는 정말 정확히 알고 있는가? 무엇을 알고 있는가? 어떻게 알고 있는가?"하고 스스로 반문해 본다면 이제까지 보이지 않던 것들이 새롭게 보이게 되고, 새로운 세계가 눈앞에 전개됨을 알 수 있게 될 것이다.

앞에서 설명한 심청전처럼 경전이 아닌 이야기에서 부처님의 가르침을 찾아보도록 하자.

사실 부처님의 생애나 가르침은 동서양을 막론하고 문학의 중요한 주제가 되었는데, 특히 우화나 동화 속에 감추어진 경우가 많다. 그 중에서 오늘은 '알라딘의 램프'를 분석해 보기로 한다.

'알라딘의 램프'는 어른이나 아이나 대부분 알고 있는 동화지만, 이것이 부처님의 가르침을 상징적으로 표현하고 있다는 것을 아는 이는 극히 드물다.

줄거리를 보면,

가난한 집 아이인 알라딘은 홀어머니와 함께 살고 있다. 개구쟁이 알라딘은 어느 날 돈을 주겠다는 마술사의 꾐에 빠져 땅속 동굴에 들어가게 되고, 그 속에서 낡은 램프를 손에 넣게 된다. 마술사는 램프만 갖고 알라딘을 땅굴 속에 버려 죽게 할 생각이었지만, 알라딘이 눈치를 채고 램프를 건네지 않자 그대로 땅굴 입구를 막아 버린다. 알라딘은 마술사가 준 반지의 시종에게 도움을 받아 집으로 돌아오게 된다. 알라딘의 어머니가 어느 날 램프를 청소하다가 그 효능을 알게 되고, 이후 램프의 도움으로 원하던 모든 것을 이루게 된다. 공주와 행복한 나날을 보내던 중에 마술사가 나타나 공주를 꾀어 램프를 손에 넣고, 공주와 성을 다른 곳으로 옮겨 버린다. 알라딘은 다시 반지의 시종에게 도움을 청해 공주와 성이 옮겨진 곳을 찾게 되

▲ 미얀마 양곤 까바예 파고다에 모셔져 있는 부처님 진신사리 및
사리불존자와 목련존자의 사리

고, 이윽고 마술사를 죽인 후 행복하게 살았다.

　이것을 꿈을 좇는 아이의 이야기 정도로 치부해 버리는데,
그 상징성을 풀어 보면 전혀 다른 내용이 된다.

알라딘은 우리의 모습이다. 우리는 언제나 알라딘처럼 굶주
려 있다. 재산·명예·지식·사랑 등에 목말라하고 있다. 늘 부족
하다고 느끼고 있으니 가난하기 짝이 없다.

　가난으로부터 탈출해 보고자 하는 욕망, 그것은 **마술사와**

같다. 이 욕망에 의해 점차 자신의 능력을 키우거나 자신에게로 돌아와 변화를 일으키게 된다. 이것이 바로 땅굴 속으로 들어가는 경우이다.

사람들은 자신의 안에 무한한 잠재력이 있음을 알게 된다. 동화에서는 〈**땅굴 속에는 여러 개의 방이 있고, 그 방마다 보물이 가득하다. 그러나 그 방의 보물을 만져서는 안 된다. 보물을 만지는 순간 너도 그 보물로 변하고 말 것이다. 모든 방을 지나면 깊고 어두운 안쪽에 낡은 램프가 있을 것이다. 너는 오직 그 램프만 가지고 오면 된다**〉고 표현되었다. 우리에게는 여러 가지 능력이 있어서 부자가 될 수도 있고, 높은 지위에 오를 수도 있으며, 멋진 사랑을 할 수도 있다. 그러나 그런 것들에 계속 집착해서는 안 된다. 자신이 그것 자체가 되어버린다는 동화처럼, 그것으로 인해 더 큰 괴로움에 빠지기 때문이다. 잘 보이지는 않지만 오로지 깊이 탐구해 들어가서 본래부터 있었던 행복의 램프인 본성을 깨달아야 한다.

〈**마술사는 알라딘을 땅굴에 가둬 버리고 알라딘은 반지의 시종에게 도움을 받아 집에 돌아오게 된다**〉는 내용처럼, 욕망은 언제나 자신을 배반한다. 욕망은 늘 변신에 변신을 거듭하면서 우리를 편히 쉬지 못하게 한다. 비록 깨닫기는 했으나 운용할 줄을 몰라 오히려 동굴(마음이라는 에고ego-자아自我, 절대아絶對我)에 갇히는 경우도 일어난다. 그런 경우는 다시 분별지(分別智-동화에서 반지)의 도움으로 에고에서 벗어난다.

▲ 우리나라 건봉사의 부처님 치아사리

〈램프를 깨끗이 하려고 닦는 순간 램프의 시종이 나타나고, 알라딘은 모든 것을 이루게 된다〉는 상징처럼, 이윽고 자기의 마음을 자유자재로 다룰 수 있게 되어 참된 지혜(램프의 시종인 빛-반야바라밀)를 쓸 수 있게 되면 모든 것을 다 이룬 듯하다.

그러나 행복감에 빠져 버려서는 안 된다. 아차! 하는 사이에 다시 욕망이 머리를 들 수 있기 때문이다. 그러면 순식간에 행복은 멀리 떠난다. 마치 〈마술사가 공주를 꾀어 램프를 뺏고 멀리 가 버리는 것〉처럼 될 수 있다.

하지만 일시적으로 가난해졌으나 알라딘은 예전의 알라딘이 아니다. 일시적으로 방심했지만 분별력을 되찾아(반지의 시종) 다시 발심하게 되고, 문제의 근원인 욕망 그 자체 즉 하고자 하는 인위적 경계를 넘어섬으로써(마술사를 죽임) 영원한 자유인 해탈(최후의 완전한 행복)을 성취하는 것이다.

우리가 불교공부를 할 때 빠지기 쉬운 외적 집착이나 자신에 대한 집착을 극복하면, 다음으로는 '가르침'이라는 경계를 넘어서야 하고, 그것도 넘어섰다고 방심하는 순간 다시 문득 마술사처럼 자신을 궁지에 빠뜨리는 경계가 있다.

이것을 완전히 소탕하는 길은 방일하지 않고 정진하는 방법뿐이다. 그리하여 최후에 더 이상 걸릴 것이 없게 되었을 때만 이 완전한 깨달음의 경지라 할 수 있는 것이다. 그러나 주의할 점은 그 '깨달음'마저도 버려야 한다는 것이다.

▼ 여기 모든 이들이 깊이를 알 수 없는 동굴을 지녔고,
그 안에 가장 영험스런 등불을 갖추고 있다

▼ 석가모니께서
깨달으신 도량이지만
진짜 부처님도
진짜 가르침도
여기서 찾기는 어렵다

송강스님이
완전히 새롭게 쓴
부처님의
생애

초판 3쇄   2019년 5월 15일
지은이   시우 송강

발행인   이상미
발행처   도서출판 도반
편　집   김광호, 이상미

대표전화   031) 465-1285
홈페이지   http://www.dobanbooks.co.kr
이메일   dobanbooks@naver.com
주　소   경기도 안양시 만안구 안양로 332번길 32
ISBN   978-89-97270-13-2

인터넷에서 개화사를 검색하시면 송강 스님을 만나 보실 수 있습니다.
http://cafe.daum.net/opentem